Progress & Application ── *11*

Progress & Application
教育心理学

瀬尾　美紀子　著

サイエンス社

監修のことば

　心理学を取り巻く状況は，1990年代から現在に至るまで大きく変化してきました。人間の心理を情報処理過程と見なす認知心理学は，脳科学など周辺領域との学際的な研究と相まってさらに発展を続け，他の心理学領域にも影響を与えながら大きな拡がりを見せています。また，インターネットや携帯電話の発達に見られるように，私たちの生活環境そのものも大きな変貌をとげています。教育，福祉，医療，労働などさまざまな領域では解決すべき課題が次々と立ち現れ，その解決に向けて多様なアプローチが試みられています。このような「変化の時代」において，心理学の重要性はますます高まってきたといえるでしょう。研究や実践に直接的に関わる専門家でなくとも，人々が心理学の基礎的な知識を正しく身につけ，それを社会生活の中で生かしていくことが必要とされています。

　本ライブラリは，大学生や社会人の方々に心理学のさまざまな領域のエッセンスを効率的に理解していただくことを目的に企画されました。そのために，各領域の第一線で活躍されている先生方を選び，執筆にあたっては，全体的なバランスを考慮しながら心理学の基本的事項はもとより最新の知見を積極的に紹介していただくようにお願いしました。基本的にお一人で執筆していただくという方針をとったのも，できるだけ自由にこの作業を行っていただきたいという願いからでした。その結果，各巻ともクオリティの高さと理解のしやすさを兼ね備えた内容になっています。さらに，読者の理解を助けるために，ビジュアルな表現形式を効果的に取り入れ，レイアウトにも工夫を凝らしました。新しい時代に向けたスタンダードなテキストから成る本ライブラリが，社会に生きる人間のこころと行動に関心をもつ方々のお役に立てることを確信しています。

監修者　安藤清志・市川伸一

まえがき

　「教育心理学のテキストを書いてみませんか」とライブラリ監修者のお一人である市川伸一先生からお話をいただき，お引き受けした理由は大きく2つあります。

　一つは，教育心理学の理論や知見について，教職課程の学生をはじめとした教育に興味を持つ多くの人に，この機会に自分の言葉で伝えてみたいと思ったことです。各種の理論や研究知見は，実際の学習や教育に有用なヒントを与えてくれるものが多くあります。しかし，心理学の難解な用語が使われていたり，独自の方法論を用いて行われているため，ふだん私たちが行っている学習活動とどうつながるかがみえにくい側面があります。本書では，私たちが経験する身近な学習行動の具体例をできるだけ挙げ，理論や研究知見の解説を試みました。

　もう一つの理由は，広範で多岐にわたる教育心理学の内容を，これからの教育実践に必要と思われる視点から改めて整理してみたいと思ったことです。21世紀に入って20年ほどが経過し，学校教育ではこれからの社会を生き抜くための資質・能力を育成することが主要な目的とされ，「何を学ぶか」だけでなく「何を学んで何ができるようになるか」への転換がはかられようとしています。そうした教育を考えていくにあたり，どのように学ぶことで学習が成立するか，その仕組みを理解しておくことの重要性はますます高まってきていると感じています。

本書の特徴と構成

　本書は，まず教育心理学の入門書として，教職を目指す学生や教師をはじめとして教育に興味を持つ多くの人に読まれることを想定して執筆しました。現在の教育心理学が学問分野としてカバーしている領域は，大変，幅広いものになっています。日本教育心理学会では，教育心理学に関連する研究の動向と展望について，年に1回「教育心理学年報」にまとめて発行しています。最新号（「教育心理学年報」第59集）では「発達（児童期まで）」「発達（青年期以降）」「教授・学習・認知」「社会」「人格」「臨床」「特別支援」「学校心理学」「測定・評価・研究法」と9つの領域が設けられていることからも広範な領域をカバーしていることがわかります。なお本書は，主に「教授・学習・認知」領域に焦点を当てて，基本的かつ主要な理論や研究知見を紹介しています。

　また，本書は大学の教職課程のテキストや参考書としての使用も想定しています。2019年度から始まった新しい教職課程コアカリキュラムの「幼児，児童及び生徒の心身の発達及び学習の過程」を扱う教職科目を念頭に内容を構成しました。

　第1章では，そもそも人間が物事を学ぶには，どのような仕組みが働いているのか説明する代表的な理論的立場について紹介します。第2章「記憶と知識獲得」，第3章「理解」，第4章「問題解決」では，それぞれの仕組みについて詳しく説明していきます。第5章と第6章では主体的な学習を支える「動機づけ」と「メタ認知」について学んでいきます。教育心理学では，主体的な学習を「自己調整学習」と呼んで理論的な整備と実践研究が進められてきています。第7章「自己調整学習」では，その主要理論と支援の基本的な考え方について説明します。また，仲間と共に学ぶ学習が効果をもたらす仕組みや支援について，第8章「協同による学習」で扱います。第9章「学習指導の理論とデザイン」では，学習の仕組みに関する知見を具体的な教育実践へと展開するために必要な基本的な指導理論を学び，よりよい学習指導のあり方を考えます。学校教育場面では，集団を対象とした指導を行いつつ

個々の児童生徒の発達成長を促すことが求められます。その際，欠くことのできない重要な視点の一つが，発達障害および特別支援教育の視点です。第10章「特別支援教育と発達障害」において，その基礎・基本的な内容を概説します。最後の第11章「学力と学習の評価」では，現代に必要とされる学力とは何かを押さえ，評価の目的や機能，評価の方法について学びます。評価に関する新しい考え方についてもふれます。

学習の手引き

　本書を読んで教育心理学の学習を進める際に，以下の3点に留意していただければ幸いです。

1. 自分自身が受けた教育経験や指導実践と照らし合わせながら読む

　本書では，具体例を用いながらできるだけわかりやすい説明を心がけていますが，皆さん自身の経験と重ねることで，より一層理解が深まることが期待できます。

2. 学んだ内容を生かすとどのような教育実践が可能か考えてみる

　本書では，学習場面での悩みや，指導場面での課題に有効な示唆を与えてくれるものを中心に扱っています。自分ならどのように指導に生かすか，学んだことをもとに考えることは，実践的指導力を高めることにつながるでしょう。

3. 興味・関心を持ったトピックの参考図書を読む

　本書は，先に述べたように教育心理学の入門書です。章末には各章の内容に関連する学術的な専門書を紹介しています。興味や関心をひかれた本はぜひ読んで，本書でカバーしきれない部分を補っていただくことを望んでいます。

　本書を手に取ってくださった皆さんが，本書を手がかりに，教育心理学の豊かで奥深い学びを探究されることを心から願っています。

　最後に，本書の執筆の機会を与えてくださったライブラリ監修者の安藤清

志先生・市川伸一先生にお礼申し上げます。市川伸一先生には大変お忙しい中，草稿を読んでいただき数多くの有益なコメントをいただきました。そして，サイエンス社の清水匡太さんには，執筆中の大変長い間，根気強く支えていただきました。記して感謝申し上げます。

2021 年 6 月

瀬尾　美紀子

目　　次

学習とは　第1章

　私たちは，どのように物事を学んでいくのでしょうか。以前は難しくてわからなかったことがわかるようになったり，できなかったことができるようになったり，私たちは多くのことを学び成長していきます。心理学では，人がどのように物事を学んでいくのか，つまり「学習の仕組み」に関して多くの理論が提案されてきました。学習者の内部で何が起こっているか，外部からの影響をどのように受けているかについて，それらの理論を知ることにより，教育のあり方について具体的に考えることができます。

　心理学の歴史的な経過としては，行動主義の考え方が最初に出され，次に認知構成主義的な理論が現れました。そして，認知構成主義に社会的環境の影響を組み入れた社会的認知構成主義や自己調整学習理論へと発展を遂げています。本書では，主に認知構成主義以降の立場から，学習と教育についてみていきたいと思います。

1.1　認知構成主義的学習論

　認知構成主義的学習論は，学習者の認知に着目して学習の成立を説明する理論です。認知とは，情報の認識とその後の判断・処理過程のことです。外部から観察可能な行動の変化を学習の成立と考える行動主義の隆盛の中で，ピアジェ（Piaget, J.；1896-1980）は人間の内的な過程である認知に着目して，学習の仕組みについて説明を試みました。彼はシェマ，同化，調節，均衡化といった概念を使い，「学習とはシェマの同化と調節を繰り返し，より

適切な安定したシェマへと発展させていく（均衡化）ことである」と説明しています。詳しくみていくと，まず，シェマとは「人が物事を認識するための枠組み」のことを指します。たとえば，ある子どもが水族館の水槽の中で泳いでいる生き物を見たときに，「あれはサカナだ」と認識したとします。その認識や判断には「水の中で泳いでいる，細長くて，ヒレはあるけど足はない生き物のことを，サカナって言うんだよね」といったような魚に関するとらえ方すなわち魚のシェマが働いていると考えます。次に，その子が別の水槽で泳いでいる生き物を見て，「こっちもサカナだ！　グッピーって名前だよ」とつぶやきました。グッピーの様子と自分が持っている「魚のシェマ」を照らし合わせて，グッピーもサカナだと判断したわけです。このように，新しい情報が示されたときに，既存のシェマと照合して合致する場合にその情報を取り込むことを**同化**と呼んでいます。

　一方，新たな情報が既存のシェマと合致しない場合には，既存のシェマでは対応できない状態が生じます。この状態は**認知的葛藤**と呼ばれます。この状態を解消するためには，シェマ自体を変えることが求められ，それを**調節**と呼んでいます。たとえば，お姉ちゃんからある日「イルカはね，水の中で泳いでいるけど魚じゃないんだよ」と教えられたとします。するとイルカを魚だと思っていた妹は，これまでの自分の魚のシェマでは対応できなくなります。そして，「水の中で泳いでいる生き物の中にはサカナもいるけど，サカナじゃない生き物もいる」などのように自分の持っていた魚のシェマを変更するわけです。さらに，他の情報に接するたびに，同化と調節を繰り返しながら，より安定したシェマを獲得していくプロセスが**均衡化**ということになります。ピアジェの考え方を一言でいえば，学習とは自分のもののとらえ方（シェマ）を更新していくこと，となるでしょう。

　ピアジェによる学習成立の考え方は，その後，人間の認知や学習をコンピュータの情報処理システムと同様とみなして理解する**情報処理的アプローチ**の影響を受けて発展し，やがて認知構成主義と呼ばれるようになりました。つまり，学習とは，人がすでに持っている知識構造（シェマ）に基づきなが

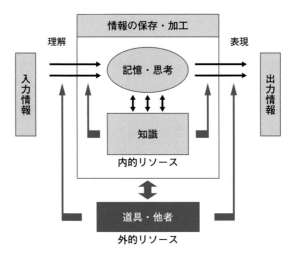

図 1.1　人間の認知モデル (市川, 2014)

　ら新たな情報を判断・処理して，新しい知識構造を構成していくことである
という考え方です。市川（2002, 2014）は人間が一種の情報処理システムで
あり，私たちが行っている学習は情報処理活動とみなせることを，人間の認
知モデル（図1.1）を示して解説しています。たとえば，私たちは教科書や
本を読んだり，先生の話を授業で聞いたりして学習内容に関する新しい情報
を得ます。これが入力情報です。そして，自分の頭の中で，これまでに身に
つけた知識を使って考えたり，覚えたりといった，情報の加工や保存を行い
ます。その際に，道具（ツール）や他者といった自分以外のリソースを活用
することもあります。そして，加工したり保存した情報を，発表したり，レ
ポートや作文を書いたり，テストで解答するなどして，出力しているとみる
ことができます。
　認知構成主義的学習論の視点から考えると，ある知識と別の知識との関連
性について理解したり，知識どうしを結びつけて新たな考え方を生み出した
りするような情報処理活動が学習といえます。構造化された知識は，必要な
場面において活用されやすいといった特徴を持ちます。**深い学びとは**，こう

した知識の構造化を図る学習のことを指していると考えられます。一方，新たな情報が入ってきても，既存の知識との関連づけが行われなかったり，個々の情報が断片的な状態になっている場合もあります。そうすると，それらの知識は活用されることが少なく，やがて記憶からも消えていきます。このように知識の構造化がなされない学びが，**浅い学び**といえます。

　入ってきた情報がどのように取り込まれて記憶として定着するか，あるいは取り込まれずに忘却されるかなどについて，第 2 章「記憶と知識獲得」で詳しく説明します。また，第 3 章「理解」，第 4 章「問題解決」では，入ってきた情報を人がどのように処理しているかについて，詳しくみていきたいと思います。

1.2　自己調整学習論

　認知構成主義的学習論が発展する以前は，学習を「経験によって生じる比較的永続的な行動の変容」と考える**行動主義的学習論**が大きな影響力を持っていました。外からの報酬や罰といった刺激によって，これまでの行動がより望ましい方向に変わることが学習であるとする考え方です。学習者は，他者からコントロールされる受動的な存在であり，学習が成立するためには外発的な力が必要であると考えられてきました。

　しかし，人は，報酬や罰がない場合にも，自らの興味や関心あるいは意思や欲求によって学ぶことができます。そうした興味・関心や意欲に関する仕組みは**動機づけ**と呼ばれて研究が進められ，多くのことが明らかにされてきました。動機づけには学習を開始したり継続したりする働きがあります。第 5 章「学習の動機づけ」では動機づけがどのような仕組みで働いたり働かなかったりするかを中心に説明します。

　記憶，理解，思考といった人間の認知的な学習の仕組みを明らかにする研究と並行して，人はどのような方法によって効果的，効率的に学んでいるか，すなわち**学習方略**についての研究も盛んに行われるようになりました。そう

した研究の流れの中で，1990年代前後から，**自己調整学習**（self-regulated learning）という考え方が提唱されます。自己調整学習とは，学習者が自らの目標を設定しそれを達成するために，自分自身の学習状況を把握し，動機づけや感情を適切にコントロールしながら，具体的な学習行動を起こし継続していくプロセスのことです。このプロセスには，自分の認知状態を客観的に認知する**メタ認知**と呼ばれる心的機能と，動機づけ，学習方略が相互に働いています。これからの教育が目指す方向性の一つとされる「主体的な学び」は，この自己調整学習とほぼ同義であると考えられます。第6章「メタ認知」では，メタ認知の働きや学習との関連についてみていきます。そして第7章「自己調整学習」では，自己調整学習と学習方略およびその支援について詳しく説明していきます。

1.3 社会的認知構成主義の学習論

　人間は社会的な存在であり，他者との対話や交流を通して知識構造が構成されていくとする考え方が，**社会的認知構成主義**です。ヴィゴツキー（Vygotsky, L. S.；1896-1934）による「発達と学習に関する考え方」がその基盤となっています。

　ヴィゴツキーは，人の言語活動や思考活動が，他者とのやりとりすなわち対話を通じて個人の内部へ移行する，すなわち内化されると考えました。たとえば，言葉を覚えるとき，子どもは最初，周りの人たちとコミュニケーションする手段として言葉である**外言**を使うようになります。さまざまな他者とのやりとりの経験を重ねながら，自分自身の内部で用いる**内言**が生まれ，やがて音声を伴わずに内言を使って自己の内部で思考することができるようになるというわけです。

　言葉の習得だけでなく，他者との対話によって，自分では思いつかなかった「ものの見方」に気づいたり，話すことで自分の考えが明確になったりすることがあります。私たちの社会が，学校に集まって友だちや先生といった

他者と共に学ぶ集団的な学習スタイルを継続する理由の一つには，他者との対話を通した学びには一人での学び以上の成果が得られる，という期待に基づいていると思われます（**コラム 1.1**）。ただし，集団で学べば，必ずそうした成果がいつでも得られるというわけではありません。本書では，第 8 章「協同による学習」において，協同的な学びにはどのような効果があるか，そして効果を得るためにはどのような条件が必要かについて考えていきます。

1.4　教育実践に向けて

　今後の教育実践を考えるにあたって，他にも必要な視点があります。それは学校における授業，すなわち集団での教育をどのように行っていくかです。21 世紀を生きる子どもたちに必要な資質や能力を，授業場面でどのように育てていくかについて，第 9 章「学習指導の理論とデザイン」で考えていきます。

　個人差への対応も，これまで以上に重要な視点の一つになってくるでしょう。とくに，発達障害や特別支援教育に関する理解が求められています。第 10 章「特別支援教育と発達障害」において，基本的な事項を解説し，実際の支援のあり方について考えていきます。

　最後の第 11 章「学力と学習の評価」では，教育の評価について考えます。教育は，教育を受ける児童・生徒の発達・成長を願って行われる営みです。ある教育実践が，児童・生徒の発達・成長にどのように結びついたかあるいは結びつかなかったかを的確に評価して，次の教育実践の改善につなげていくことが，教師や親といった教育する立場の人間の責務といえます。また，生涯にわたって主体的に学ぶ学習者を育てていくためには，学習者自身が自らの学習を主体的に評価して次の学習につなげるという視点が重要でしょう。そのような視点からも，これからの評価のあり方について考えていきたいと思います。

コラム 1.1	発達の最近接領域 ——教育の役割に対するヴィゴツキーの考え方

　ヴィゴツキーは，発達の水準を2つに分けて考えました。一つは，現時点で自分の力だけで達成できる「現在の発達水準」です。もう一つは他者からの援助や協同によって達成できる「達成可能な水準」です。そして，この2つの水準の間の領域を「発達の最近接領域（ZPD：Zone of Proximal Development）」と呼びました（図1.2）。教育の役割は，このZPDに働きかけることによって，当初は他者の援助や他者との協同によって達成可能であったことが次第に自分の力だけで達成できるように促していくことである，とヴィゴツキーは説明しています。

　ZPDに基づく教育実践によって自立した学習者を育てていくには，ブルーナー（Bruner, J. S.：1915-2016）らが提唱した足場かけ（scaffolding）と足場はずし（fading）の考え方が有用です。足場かけとは，子どもが一人ではできないことについて，モデルを示したり，課題の特徴に目を向けるよう促したりといった援助を行うことです。足場はずしとは，一人でもできるようにするために，援助を少しずつ減らしていくことを指します。

　こうしたヴィゴツキーのZPDや，そこから発展した足場かけや足場はずしの考え方も，他者の役割を重視する教育実践の理論的基盤の一つとなっています。

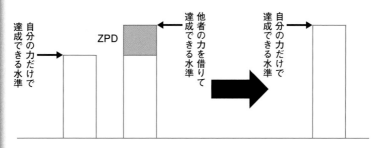

図1.2　「発達の最近接領域」の概念図

参考図書

今井 むつみ・野島 久雄・岡田 浩之（2012）．新　人が学ぶということ——認知
　　　学習論からの視点——　北樹出版

　「知っているけど使えない知識」ではなく「使える生きた知識」を身につける学
習とはどのような学習かについて，認知科学の立場から詳しく解説されています。
コンピュータと人間の学習の違いや，外国語学習の問題，能や将棋のエキスパー
トから考える熟達化のプロセスなど多様なトピックから，生きた知識を獲得する
メカニズムに迫っています。また，最後の 2 つの章では，21 世紀に必要な知識と
その教育についても考察が行われています。

柴田 義松（2006）．ヴィゴツキー入門　子どもの未来社

　　魅力的ではあっても難解とされるヴィゴツキーの理論を，入門者向けにわかり
やすく紹介した新書です。各理論が成立した背景がヴィゴツキーの生涯と重ね合
わせながら述べられていて，親しみをもって理解することができるでしょう。ま
た，ピアジェとの論争も紹介されています。

キーワード

認知構成主義的学習論　認知　シェマ　同化　認知的葛藤　調節　均衡化　情報
処理的アプローチ　深い学び　浅い学び　行動主義的学習論　動機づけ　学習方
略　自己調整学習　メタ認知　社会的認知構成主義　外言　内言　発達の最近接
領域　ZPD　足場かけ　足場はずし

記憶と知識獲得

第**2**章

　知識を身につけることは，学校教育の主要な目標の一つです。授業では，各教科の学習を通して，多くの知識を獲得していくことが目指されます。一方で，児童生徒からは，「覚えるのが苦手」「記憶力が弱い」など，覚えることに関する悩みがよく聞かれます。

　心理学の分野では，人間の記憶や知識獲得に関する研究が蓄積されてきました。本章では，まず2.1節で，記憶の種類について整理します。2.2節では，人間の内部において知識がどのように保持されているかを示した代表的なモデルを紹介します。そして，記憶研究の知見から導かれる，知識の効果的な獲得方法について説明します。なお，心理学で用いられる場合の「記憶」という用語には，おおよそ2つの意味があることを注意しておきたいと思います。一つは，覚えた内容そのものを指す場合，もう一つは覚えておくための心的システムを指す場合です。

2.1 記憶の種類

　記憶の分類に関して，心理学におけるもっとも基本的な考え方は，記憶を短期記憶と長期記憶の2つに分ける考え方です（**図2.1**）。**短期記憶**は，外界から入る情報を数秒から数十秒の間，保持する心的システムであり，記憶できる情報量はごくわずかとされます。たとえば，レストランに電話をかける場合，番号を見て電話をかけるわずかな間であれば，電話番号を心の中で繰返しつぶやくこと（リハーサルと呼ばれます）で，電話をかけることがで

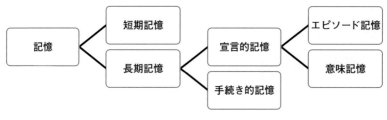

図 2.1　**記憶の種類**

きます。しかし，数十秒後には，思い出すことは難しくなります。

　一方，**長期記憶**は，情報をほぼ永続的に保持する心的システムで，記憶できる情報量は無限と考えられています。長期記憶の内容は，その特徴によって，次のように分類されます。まず，宣言的記憶と手続き記憶に分けられます。**宣言的記憶**とは，言葉によって説明することができる記憶のことです。宣言的記憶は，さらに，エピソード記憶と意味記憶に分類されます。**エピソード記憶**は，「5歳の誕生日に自転車を買ってもらった」などのように，個人に固有の経験に関する記憶のことです。一般に，「覚えている」と表現されることが多い記憶といえます。これに対して，「1日は24時間である」「フランスの首都はパリである」などは，自然や社会について多くの人に共有される一般的事実です。こうした記憶を**意味記憶**と呼びます。一般に「知っている」と表現されることが多い記憶といえます。意味記憶は，個人の経験や状況には依存しない情報で，知識とほぼ同じと考えてよいでしょう。

　一方，言葉による記憶以外に，通常は言葉で説明することは，ほぼないものの確かに存在している記憶もあります。たとえば，自転車の乗り方は，一度覚えた後に時間がたっても再び乗ることができます。しかし，乗り方を言葉によって記憶しているわけではなく，身体自体が覚えているともいえます。こうした記憶は，**手続き的記憶**と呼ばれたり，**手続き的知識**と呼ばれます。より日常的には技能（スキル）とほぼ同じと考えてよいでしょう。

　ここまで記憶の種類について整理してきました。記憶という観点からみると，学校教育では，主に意味記憶（知識）と手続き的記憶（技能）の獲得を

目指して教授・学習活動が行われているといえます。

2.1.1 知識の構造

　意味記憶を中心とする知識は，長期記憶の内部にどのように存在している
のでしょうか。私たちは一般に，膨大な知識を有していますが，それらはバ
ラバラに存在しているわけではなく，何らかの構造（まとまり）を有してい
ると考えられています。ここでは，その代表例として，意味的ネットワーク
モデルとスクリプトを紹介します。

　コリンズとロフタス（Collins & Loftus, 1975）は，知識の構造をネットワ
ークモデルとして表しました（**意味的ネットワークモデル；図 2.2**）。概念
と概念の間は意味的な関連性によってリンク（結合線）で結ばれていて，リ
ンクが近いほど意味的関連性が強いことを示しています。ある概念が検索さ

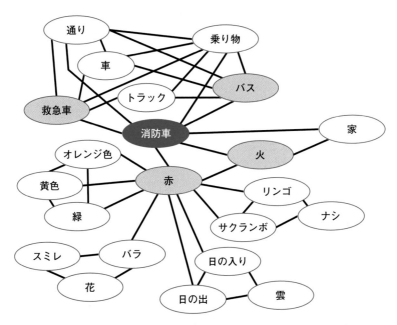

図 2.2　**意味的ネットワークモデルの例**（Collins & Loftus, 1975）

れたとき，リンクを伝わってその周りの意味的に関連する概念も活性化され
ます。たとえば，「消防車を思い浮かべてください」と言われると，消防車
と意味的に関連する「救急車」や「バス」，そして「赤」，や「火」なども思
い出しやすくなるということです。

　次に，**スクリプト**とは，レストランや病院など，定型的な場面ごとに生じ
る一連の行為や出来事をセットにして，劇の台本のように示したものです。
たとえば，「レストランに入る，メニューを見て注文する，出てきた料理を
食べる，お金を払う」といった流れは，レストランの基本的なスクリプトと
いえます（**図2.3**）。私たちの長期記憶の内部には多くのスクリプトがあり，
それらを活用して，状況を理解したり，推測したりすることができます。た
とえば，「最新作のチケットを窓口で買った後，ポップコーンと飲み物を買
うために列に並んだ。」という文を読んだとき，「チケットを窓口で買う」こ
とが含まれるスクリプトを探して参照することで，映画やスポーツ観戦の場
面ではないかと推測できます。そして「最新作の」とありますので，映画の
可能性が高いといった判断ができます。また，その後には，チケットを係員
に見せて劇場に入ることや，指定された座席を探して着席するといったこと

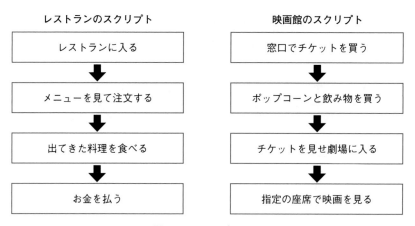

図2.3　スクリプトの例

も予想がつきます。例示した文はかなり短いものですが，読む際に映画館スクリプトが背景知識として働くことで，文が表す状況の理解が進むのです。

　意味的ネットワークモデルとスクリプトに共通していえることは，多くの知識が何らかの関連性に基づいて整理された状態，すなわち構造化されたものになっているということです。そして，スクリプトの例からわかるように，構造化された知識を持っていると，それらを活用して新しい情報をうまく処理していくことができます。一方で，もし知識がバラバラな状態のままならば，それらはなかなか活用され難いといえるでしょう。したがって，学習場面では，一つひとつの知識をバラバラに覚えるのではなく，知識と知識の関連性を見出しその関連性に基づいた構造化を行いながら，長期記憶として取り込むことが重要です。

2.2 知識の獲得

2.2.1 リハーサル（二重貯蔵モデル）

　そもそも私たちは，どのようなプロセスによって，入ってきた情報を記憶し，知識として身につけていくのでしょうか。まず，記憶研究において古くから用いられてきたとらえ方が，記憶には，記銘，保持，想起の3つの段階があるというものです。**記銘**は物事を覚えること，**保持**は覚え続けていること，**想起**は思い出すことに対応すると考えてよいでしょう。段階としてとらえることの利点の一つは，記憶の成功や失敗をより詳細にとらえることができることです。たとえば，「テストが終わった後，（解答すべき）単語を思い出した」という場合がありますが，これは単語の記銘と保持は成功していたにもかかわらず，想起に失敗したと考えることができます。

　記憶システムの伝統的なモデルが，短期記憶と長期記憶から構成される**二重貯蔵モデル**（Atkinson & Shiffrin, 1968）です。外界の情報のうち，注意を向けられた情報が，まず短期記憶に入ります。2.1節で説明したように，短期記憶では，入ってきた情報を頭の中で繰返しリハーサルしている間，その

情報が保持されます（コラム 2.1）。そして，短期記憶の情報の一部が長期記憶へ送られると考えるモデルです。このモデルが提出された時期によく行われていた単語を覚える記憶実験の結果から，その単語のリハーサルの回数が多くなるほど，長期記憶へ送られる可能性が高くなると考えられてきました。物事を覚えなければならないときに，何回も何回も繰り返すと覚えられるということは，経験的にも直観的な感覚としてもわかります。しかし，単純に反復することだけが，知識を獲得する方法というわけではないことが，その後の研究によって明らかにされています。以下ではそれらについて紹介していきましょう。

2.2.2　意味的処理（処理水準説）

　ある情報がどれくらい記憶に残るかは，その情報をどれだけ深く処理したかによって決まるという考え方があります（Craik & Lockhart, 1972）。これは**処理水準説**と呼ばれるもので，形態的な処理，音韻的な処理，意味的な処理の順で，処理が深くなるとされています。処理水準説を支持する研究例として，クレイクとタルビング（Craik & Tulving, 1975）の実験を紹介します。実験では，単語を提示する際に，3 つの異なる処理に対応した質問（下の質問例を参照）を参加者に回答させた後，どれくらいその単語を覚えているかテストしました。記憶成績は，意味的処理を受けた単語がもっとも良く，その次が音韻的処理，形態的処理の順となりました。

【質問例】

〈形態的な処理〉

「次の単語は，ひらがなで書かれていますか？」

　「なつ」→Yes　「犬」→No

〈音韻的な処理〉

「次の単語には，や行の音がありますか？」

　「小学生」→Yes　「高校生」→No

〈意味的な処理〉

コラム 2.1　ワーキングメモリの構造モデル

　記憶の二重貯蔵モデルにおける短期記憶の部分に対して，現実の生活や学習場面では，もっと複雑な活動が行われているのではないかといった指摘がなされています。たとえば，文章を読んでいるとき，私たちは，いま読んでいる部分よりも前に書かれている内容を覚えていることによって，文章の意味を理解していきます。つまり，すでに読んだ内容を保持しながら，いま読んでいる文の意味を理解するという処理を並行して行うことで，私たちは文章全体について理解することができるわけです。単に情報をリハーサルして保持する機能だけでなく，もっと能動的に情報を処理・加工する機能を併せ持っている記憶システムを，バッドリー（Baddeley, 2000）は**ワーキングメモリ（作動記憶）**と呼んでモデル化しました（図2.4）。

　ワーキングメモリは，3つのサブシステム（音韻ループ，視覚・空間的スケッチパッド，エピソードバッファ）とそれらを制御する中央実行系から構成されると考えられています。**音韻ループ**は言語的な情報をリハーサルによって保持し，**視覚・空間的スケッチパッド**は非言語的な情報を担当します。また**エピソードバッファ**は意味的な情報を扱うものと考えられています。**中央実行系**からこれらのサブシステムに指令を出して，情報を保持しながら処理をすすめます。また，長期記憶に保存されている情報を参照したり，長期記憶に新たに情報を転送したりといった，長期記憶とのデータのやりとりがあることも示されています。

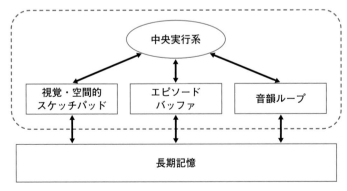

図 2.4　バッドリー（Baddeley, 2000）によるワーキングメモリのモデル

「次の単語は下の文にあてはまりますか？」

　彼はカフェで，（　　　）と会った。

「友だち」→Yes　「雲」→No

2.2.3　精緻化

　精緻化とは，覚えるべき内容に対して，根拠や理由などを付け加えたり，画像やイメージに変換したりして，情報をより詳しくすることです。意味づけを，より豊かにすると言い換えることもできます。精緻化によって記憶成績が向上することが示されてきました。ここでは，ブランスフォードとスタイン（Bransford & Stein, 1984）の実験を紹介します。

(1) 眠い男が水差しを持っていた。

(2) 太った男が錠を買った。

(3) 力持ちの男がペンキの刷毛を洗った。

(4) やせた男がはさみを買った。

　　　　　⋮

　このような文が示されて，どの男が何をしたかを記憶させるという実験ですが，文が多くなると次第に覚えきれなくなりそうです。しかし，次のように下線部分を追加するとどうでしょうか。

(1)′ 眠い男がコーヒーメーカーに水を入れるため水差しを持っていた。

(2)′ 太った男が冷蔵庫の扉にかける錠を買った。

(3)′ 力持ちの男がバーベルにペンキを塗るためペンキの刷毛を洗った。

(4)′ やせた男がズボンのウエストを詰めるためにはさみを買った。

　　　　　⋮

　最初の文に比べると格段に覚えやすくなると思います。最初の文には，その行為の必然性あるいは理由がなかったために覚えにくかったわけですが，このように，理由をつけることによって記憶の負担は軽くなります。

　ここで，着目してほしいことは，情報量の変化です。後から示した文 (1)′〜(4)′ は，下線部を付け加えたため，最初の文 (1)〜(4) よりも長くなって

います。私たちは，覚える内容は少なければ少ないほど覚えやすいと考えてしまいがちです。しかし，この例のように既有知識と関連づけられる情報を加えて，より詳しい意味を持たせたほうが，学習しやすくなる場合もあるのです。

　こうした精緻化は，教科の学習場面においても活用できます。たとえば小学校の社会科では，日本各地の地理や風土に関して学習します。「瀬戸内地方にはため池が多い」「南西諸島の木造家屋は平屋が多い」などを学ぶときに，「それはなぜか」という情報を加えて理解しておくと忘れにくくなります。つまり，「瀬戸内地方は，山地に囲まれているため雨が少ない。その干ばつ対策のために，ため池が多く作られている」「南西諸島は，台風のコース上にあり，暴風雨の被害を受けやすい。そのため，強風の影響を受けやすい2階建てではなく平屋建てが多い」などのように，その土地の気候の特徴と関連づけて理解することで，確実に覚えておくことができます。その他にも，算数・数学の公式を丸暗記ではなく，その公式がどのように導けるかについて意味を理解しておくことや，漢字や記号，化学式などを覚えるときにその由来や成り立ちを理解しておくと忘れにくくなります。これらは，精緻化の働きによるものといえます。

2.2.4 構 造 化

　構造化（体制化）とは，学習すべき情報を，類似関係や階層関係，カテゴリなどの関係性に基づいて整理することです。構造化された知識は，検索・想起されやすくなります。このことをバウアー他（Bower et al., 1969）は，鉱物の名前に関する記憶実験で確かめています。実験参加者を2つのグループに分け，片方にはランダムな順序で鉱物名を示します。もう片方のグループには，図2.5のように，階層的な関係に基づいて構造化された形で提示しました。その後，鉱物名をどれくらい記憶できたかテストを行ったところ，構造化された形で提示されたグループのほうが，ランダムな形で提示されたグループよりもはるかに良い成績になりました。

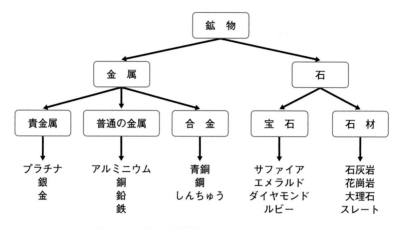

図 2.5　鉱物の階層構造（Bower et al., 1969）

　一方，西林（1994）は，階層的に構造化された知識の体系性だけに目を奪われることに警鐘を鳴らし，上位と下位のものの結びつき方や，同じ階層にあるものどうしの相違点を理解することこそが重要であることを指摘しています。言い換えれば，鉱物名を覚えるときに，**図 2.5** の図をただノートに書き写すのではなく，「鉱物は，まず金属と石に分類されるのだな」とか「金属と石は，鉱物に金属が含まれるか含まれないかで判断できそうだ」などと自分自身で考えることが重要であるということです。そういった理解プロセスを経由しなければ，ノート上には整理された図が描かれていたとしても，学習者の頭の中ではバラバラの知識の寄せ集めとあまり変わらない状態なのです。

　学習内容を記憶するためには何よりも反復することが重要だという考え方が，教育場面では相当根強くみられます。しかし，ここまでみてきた記憶研究の成果からは，反復回数のような「量」だけでなく，精緻化や構造化といった「覚え方（学び方）の質を高める」ことが重要であるといえます。本章で紹介したような精緻化や構造化は，各教科の授業の中で，教師による説明として多く用いられます。たとえば，社会科では「なぜ，瀬戸内地方はため池が多いのか」，算数科では「三角形の面積の公式では，なぜ割る 2 をする

のか」などについて先生が説明している授業はよくみられます。しかし，多くの児童・生徒は先生たちが説明していることを，そのまま受け身的に聞くだけになりがちです。

　これからの教科授業では，児童・生徒自身が学習内容に対して「なぜ」を考えさせる活動（精緻化）や，学習内容の分類や構造化を行わせる活動を設けて，「学び方」を経験する機会を十分に確保することが望まれます。「学び方」そのものに焦点を当てて指導する「学習法講座」の取組みも，有効であることが明らかになっています（コラム2.2）。

コラム2.2　学習法講座——中学校での実践研究例

　学び方の質を高めるための手立てとして，学び方そのものを直接的に教えて経験させる「**学習法講座**」の開発と実践が進められています（たとえば瀬尾，2019a, 2019b）。その一例として，記憶の精緻化に関する学習法講座を，ある中学校の2年生75名に対して実践した研究例を紹介します（Seo et al., 2017）。

　生徒たちに，まず勉強面のとくに覚えることに関する悩みを挙げてもらい，学習講座の目的は覚え方の質を高めることであることを伝えました。そして，覚え方に関して，精緻化のデモ実験（p.16参照）を体験してもらい，ある特徴を持った男と行動を記憶するためには，行動の理由を考えて付け加えておくと，覚える情報量は増えるけれどもかえって思い出しやすくなることを確認しました。次に，この実験例を日常の学習場面に応用するにはどうすればよいかについて，1年生で学習した「世界各地の気候特性と住居の形態」（社会科地理分野）を素材に説明し，住居形態の理由を気候特性と関連づけすると忘れずに覚えられることを体験しました。

　この学習法講座を受講する前と後で，学び方がどのように変化したか調査したところ，受講前は精緻化を活用した学び方を行っている生徒は全体の23％であったのに対し，受講後は全体の44％に伸びていました。図2.6は精緻化による生徒たちの学び方の例で，左図の生徒は住居形態とその理由を矢印で結んで精緻化を行っています。一方，右図の生徒は中国の地図を模した図の中に，地域の特性と住居形態を書き込んだ精緻化を行っています。このように，学習法講座の実施により，精緻化を活用した学び方を取り入れる生徒は倍増しました。ただ，全体からみると半数に届かないため，学習法講座の改善や，別のアプローチの検討が必要といえます。

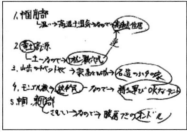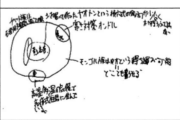

図2.6　**精緻化による生徒たちの学び方の例**（Seo et al., 2017）

参 考 図 書

森 敏昭（編著）21 世紀の認知心理学を創る会（2001）．認知心理学を語る①
　　おもしろ記憶のラボラトリー　北大路書房

　記憶研究の歴史的な流れと，研究動向が紹介されています。心理学における研
究が，非常に幅広い記憶を扱っていることが実感できると思います。その中で，
学習に関わる記憶研究についても取り上げられています。本書で扱った内容をよ
り詳しく知りたい場合に，参考になるでしょう。

ギャザコール，S. E.・アロウェイ，T. P. 湯澤 正通・湯澤 美紀（訳）（2009）．
　　ワーキングメモリと学習指導——教師のための実践ガイド——　北大路書房

　ワーキングメモリの理論や研究知見を教育場面でどのように活用し教育的支援
に結びつけていくか，実践的かつ具体的に紹介されています。冒頭の 2 つの章で
は，ワーキングメモリの基本的な概念の説明と，発達的変化や個人差に関する概
略が述べられています。ワーキングメモリについて初めて学習する人に，役立つ
内容になっています。

キーワード

記憶　短期記憶　長期記憶　宣言的記憶　エピソード記憶　意味記憶　手続き的
記憶　手続き的知識　意味的ネットワークモデル　スクリプト　記銘　保持　想
起　二重貯蔵モデル　処理水準説　ワーキングメモリ　作動記憶　音韻ループ
視覚・空間的スケッチパッド　エピソードバッファ　中央実行系　精緻化　構造
化　体制化　学習法講座

理　　解　　第**3**章

　勉強していて，「わからない」と感じることを，多くの人が経験している
と思います。たとえば，新しく出てきた用語の意味がわからない，英文の解
釈がわからない，教科書や問題集の説明がわからない，など，いろいろな場
面があります。では，わかる，すなわち何かを理解するとは，どういうこと
なのでしょうか。この章では，「概念の理解」と「文章の理解」を取り上げ
て説明します。そして，理解を促進するための指導について考えます。

3.1 概念の理解と学習

3.1.1 概 念 と は

　たとえば「イヌ」という言葉を聞いて，どのようなことを連想するでしょ
うか。「耳がある」「毛に覆われている」「ワンと鳴く」「シッポを振る」「種
類がたくさんある」など，イヌに関するさまざまなことを挙げることができ
ると思います。これらはすべてイヌに関する知識であり概念です。つまり，
一般に，**概念**とは，ある物事（この場合はイヌ）がどのようなものであるか
を表した知識の集まりと言い換えることができます。

　イヌという概念を説明するためには，上で挙げたような特徴を述べること
が多いでしょう。しかし，それで十分かといわれるとどうでしょうか。「ほ
乳類の一種である」とか，「雑食性動物である」ことにも言及すべきだとい
う意見が出てくる可能性があります。このように，イヌという概念を明確に
定義するのは意外と困難です。

　学校の教科学習の中では，多種多様な概念を学びます。たとえば，「向かい合う2組の辺が平行な四角形を平行四辺形と言う」，これは平行四辺形の定義です。算数の学習では，平行四辺形の概念を定義によって一義的に定めた上で，学習が進められていきます。他にも，公倍数，比例，確率などの数学的概念や，光合成，酸化，重力などの科学的概念，議会制民主主義，三権分立，為替相場といった社会的概念などが挙げられます。これらの概念は，言葉によって明確に定義されたものであるといった特徴があります。そのことによって，誰にとっても共通した意味を与えることができます。しかし，その反面，言葉による定義だけでは抽象的で理解しにくいため，学習指導では工夫が必要になります。

3.1.2　概念理解の仕組み

　イヌの概念について，私たちはどのように身につけてきたのでしょうか。言葉を覚え始めたばかりの子どもを見ていると，ネコもウサギもコアラもすべて「ワンワン」と言うことがあります。しかし，散歩で出会うさまざまなイヌを見たり，時には触ったり，絵本の中に出てくるいろいろなイヌを見る経験などを通して，しだいにイヌとその他の動物の区別ができるようになっていきます。それは，そうした経験によって，子どもの中にイヌの典型例（プロトタイプ）が形成され，動物を見たときにそれとどれくらい類似しているかで判断できるようになるからだと考えられています。「白くて小さいイヌ」「茶色で顔の長いイヌ」「黒白のブチ模様の大きなイヌ」など，複数の具体事例からイヌという概念を帰納的に獲得しているといえます（図3.1）。

　一方，平行四辺形の概念は，学校の授業や教科書を通して，言葉による定義で与えられます。言葉による定義を説明されただけで，平行四辺形がどのようなものであるか，すぐに理解できる子どもはそれほど多くはないでしょう。いろいろな図形について，平行四辺形の定義に照らし合わせ，平行四辺形か否かを判別したり，他の四角形と共通している特徴や異なる特徴を調べたりすることによって，平行四辺形の概念理解が促進されます（図3.2）。

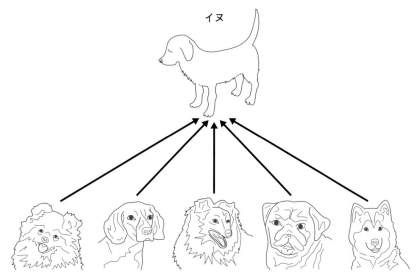

図 3.1 イヌの概念理解のモデル図

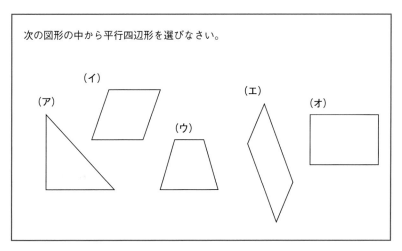

図 3.2 平行四辺形の概念理解を確認する課題例

つまり，抽象的な概念の場合にも，具体的な事例を豊富に用いて指導してい
くことが，概念理解の促進のために重要なのです。

3.1.3　概念理解を妨げるもの──誤概念・素朴理論

　図3.2の課題例で，「（エ）も平行四辺形です」と説明すると，「（エ）は平
行四辺形ではないと思った」と子どもが話すことがあります。どうしてそう
思ったのか尋ねてみると，たいてい，「（イ）のように下の線が……教科書み
たいに……うーん，まっすぐ？……なときに平行四辺形だと思っていた。
（エ）は，ほら……，まっすぐじゃなくて，ななめだから……」と自信が持
てない様子で答えてくれます。下の底辺（下底）が水平でなければならない
ということを言いたいようです。平行四辺形の定義からは，四角形のうち向
かい合う2組の辺が平行かどうかを確認できれば，下底の傾きには関係なく，
すべて平行四辺形といえるわけです。しかし，この子どもは，「平行四辺形
は下底（と上底）が水平でなければならない」といった概念を自分で付け加
え，（エ）は平行四辺形ではないと判断したことになります。このように，
ある事物や事象に対して，学習者自らが作り出した素朴な概念を持っている
場合があります。それらの概念は，科学的概念や理論からみると，誤ったも
のであるため**誤概念**（素朴概念）と呼ばれます。

　また，限定的な状況の中で，ある程度統一的に事物や事象を説明できる知
識体系を子ども自身が作り上げていることもあり，**素朴理論**と呼ばれます。
たとえば，幼稚園や小学校低学年の頃，「地球は丸い」と友だちや先生ある
いは親などから聞いて，「えっ本当？」と思ったことはないでしょうか。

　「地面は平らなのに，地球は丸いってどういうことだろう」とか，「地球が
丸ければ，下の人は落っこちてしまって大変！」と心配になったり，初めて
聞いたとき，すぐには信じがたい気持ちを持つ子どももいるでしょう。ヴォ
スニアドウとブリューワー（Vosniadou & Brewer, 1992）は，地球について
子どもの持つイメージ（**メンタルモデル**）を調べています（図3.3）。これ
らは，「地球が丸い」という情報を得て，子どもたちが自分なりにもっとも

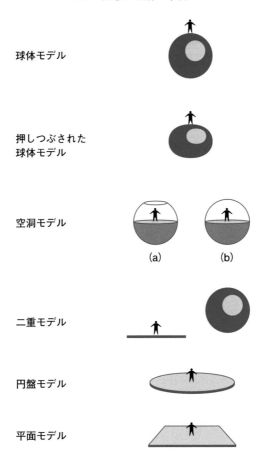

図 3.3 **地球に関して子どもの持つメンタルモデル**
(Vosniadou & Brewer, 1992)

らしい説明を作り上げた結果生まれた，地球に関する素朴理論といえます。

　他にも，これまでに多くの教科領域で研究が進められ，子どもの持つ誤概念や素朴理論が明らかにされてきています（麻柄他，2006；表 3.1）。たとえば，物理学領域に関するものは素朴物理学，生物学領域に関するものは素朴生物学として研究知見が蓄積されています。その他，数学領域や社会科領

表 3.1 「学習者の誤った知識」の例
(麻柄他, 2006 より抜粋したものに一部追加)

領域	対象	内容	出典
物理	小6, 中2	電池の両極から豆電球に向かって電流が流れる。	Johsua & Dupin, 1987
	小5	物体はそれ自体が色を持っていて, 目はそれをとらえている (正確には, 物体が反射した光の色)。	Anderson & Smith, 1983
地学	小4, 5, 6	太陽は地球の周りを回っている。月の満ち欠けは月が地球の影に入るから。	縣, 2004
化学	中1～高3	金属は燃焼すると重さが減る。	Furio Mas, Perez, & Harris, 1987
生物	幼児	大型哺乳類は胎生で, 小型哺乳類は卵生である。	伏見, 1978
数学	小6, 中2	1つの文字式の中の異なる文字は違う数字を表す (例:a+b=12 で, a=6, b=6 は誤りだ)。	藤井, 1992
	小5	対角線とは真正面に対応しあう2つの頂点を結んだ線である (だから正六角形の対角線は3本だ)。	手島, 1995
地理	小6	メルカトル地図上の面積は実際のものと対応している。	進藤, 1997
経済	幼児～小5	物理的特性や効用が価格を規定している (例:本は時計より大きいから高い。自動車は行きたいところへ連れて行ってくれるから高い)。	Burris, 1993
	小3～大学生	銀行は貯金箱と同じで集めたお金をしまっておく場所である。	高橋・波多野, 1988

域に関するものも検討されています。

　こうした素朴概念は, ①学習者が経験を積むことによって自発的に変化させていくことができるもの, ②授業などで教えられることによって科学的な概念に変化させていくことができるもの, ③科学的概念を教授されても修正が困難で素朴概念が根強く残るもの (**コラム 3.1**「コイン投げ上げ問題」) の大きく3つに分けることができます。学校教育では, 主に②や③に対して適切な指導を行うことによって, 学習者の持つ素朴概念を修正し, 科学的概念を獲得させることが課題といえます。

コラム3.1　コイン投げ上げ問題（Clement, 1982）

　物理の領域における素朴概念の中には，科学的概念を学習した後にも根強く残るものがあります。ここでは，クレメント（Clement, 1982）の報告したコイン投げ上げ問題を紹介します。まずは，自分で考えてみてください。

【問題】

　コインを左下図のように上に向かって投げ上げました。コインがBの位置にあるとき，コインに働いている力を矢印で左下図の中に描き込んでください（力が大きいときは矢印の長さを長くしてください）。

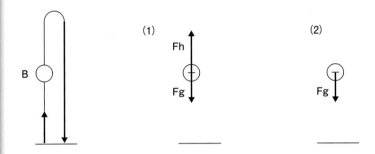

　(1) は，「Fhという上向きの力とFgという下向きの力が働いていて，コインが上がっているときはFgよりもFhが大きくなっている」という解答で典型的にみられる誤答です。(2) が正しい解答で，「コインには重力Fgのみが働いている」ことを示しています。この問題を工学部の大学生（大半が高校で物理を履修）に解かせたところ，正解したのはわずか12％でした。そして，不正解の学生の9割が，(1) のように上向きの力を描き込んでいました。

　大半の学生が高校で物理を履修しているので，一度は力学の基礎知識を学習しているわけです。しかし，(1) の誤答から「運動している物体にはその方向にも力が働いているはずだ」という素朴理論のほうが強く影響していることがわかります。また，実験に参加した学生たちは，その後，物理学の講義を受けましたが，受講した後の正答率も28％にとどまっています。このことから，科学的な概念を教えられても，すでに持っている素朴理論を修正することは，その領域を専攻する学生にとってもかなり困難であるといえます。

3.1.4　概念の修正を促す指導

　素朴概念や誤概念を修正し，科学的概念を獲得させるためには，まず第1
に学習者自身に「自分がそういった誤った概念を持っていること」に気づか
せることが重要です。そのための方法として，科学的概念を教授する前に，
結果を予想させる，素朴概念が顕在化する課題を解かせる，などがあります。

　たとえば進藤（1995）は，「浮力」の学習を行う前に，学習者に自らがす
でに持っている誤った知識を意識化させるため，「浮力に関する先行課題を
与えること」による効果を調べる実験を行いました。その結果，先行課題を
行ったグループでは，先行課題を行わなかったグループに比べて，浮力に関
する誤った知識の修正が促進されました。新しい概念を学習した場合に，先
行課題によって自分の持っている概念が活性化された状態になっていれば，
それと整合しているかどうかを積極的に検討するため，概念の修正が促進さ
れると考えられます。ただし，進藤（1995）も考察の中で述べているように，
この実験は大学生を対象とした実験ですが，先行課題を行ったグループの正
答率も60％程度です。自分の持っている素朴概念を意識化し，さらに科学
的な概念との矛盾をチェックしながら修正するという思考活動を自力で行う
ことは，大学生であっても容易ではないことがわかります。

　素朴概念を修正し科学的な概念を獲得していくためには，他者との相互作
用を積極的に活用するという視点も重要であることが指摘されています。高
垣・田原（2005）では，小学生の「電流のはたらき」に関する単元において，
少人数グループによる話し合いを授業に導入し，個人内で行われる概念の修
正を子どもたちの間で共有することが，それぞれの子どもの科学的概念の獲
得に結びつくことを示しています。ここで重要なことは，話し合いにおける
教師の役割です。自分の理論と実験結果が噛み合わず認知的葛藤が引き起こ
された場合に，議論によって概念の修正が図られることもあれば，議論自体
が行き詰まることもあります。行き詰まった場合には，教師が適切に介入し
て，理論と実験結果の結びつきを整理したり，発言内容を明確化したりして，
子どもたちの思考の流れのガイダンスを行うことが重要です。

3.2 文章の理解

　文章を読んで理解することは，学習を進めて行く上で極めて重要です。学校の授業や家庭学習では，教科書や参考書に書かれた文章を読んで学習内容を理解しなければならない場面が頻繁に出てくるためです。文章を読んでいるとき，私たちの頭の中ではどのような活動が行われているのでしょうか。また，読んでもわからないことがあるのはなぜなのでしょうか。そして，どのようにすれば文章読解の力がつくのでしょうか。

3.2.1 文章理解の過程

　文章を読んで理解するときには，大きく分けて2つの処理が頭の中で行われています。一つは，ボトムアップ型の処理で，もう一つはトップダウン型の処理です（Kintsch, 1998；図3.4）。例を挙げて具体的にみていきましょう。

　　　妹は，箱から人形を取りだして上の段から並べていきました。私は，人形の手に扇をセットしたり，お道具類を並べたりしました。それが終わる頃，お母さんが桃の木と菜の花を持って，部屋に入ってきました。

　上の文章を読むとき，まず，そこに書かれているものが「文字」であることを認識する必要があります。そして，その文字の連なりを単語として認識します。たとえば，「人」と「形」をつなげて「人形（にんぎょう）」という1つの単語として理解します。こういった基礎的な処理は，通常自動的に行われます。そのため，私たちの意識にのぼることはほとんどないといってよいでしょう。次に，理解した単語どうしの関連を考えながら文として理解し（ミクロ構造），さらにその文が集まってできた文章全体を理解していきます（マクロ構造）。このように，文章の個々の要素の分析から始まって文章全体の理解を形成することを，**ボトムアップ型の処理**と呼びます。

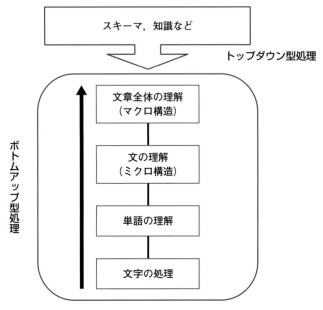

図3.4　文章理解のモデル

　一方，**トップダウン型の処理**とは，自分の持っている知識体系（一般に**ス キーマ**と呼ばれます）を用いて，文章の内容をそれらの知識と結びつけなが ら解釈することを指します。上の文章を読んだときに，「段に並べる人形は， ひな人形のことではないだろうか？」とか，「桃の木と菜の花だから，きっ と春の話だろう」「3月のひな祭りの準備をしている様子かな？」などと思 った人が多いと思います。文章には書かれていない「ひな祭り」の知識と結 びつけながら，文章が表している状況を推論して，この文章を理解しようと しているのです（**コラム 3.2**「ブランスフォードらの実験」）。私たちが文章 を読むときには，先ほど説明したボトムアップ型の処理を行いながら，文章 全体として何を表しているか理解しようとするトップダウン型の処理を同時 に行うことで，よりよく理解することができます。

コラム 3.2　ブランスフォードらの実験 (Bransford & Johnson, 1972)

　私たちの文章理解がトップダウン型とボトムアップ型の両方の処理に支えられていることを実感できるのが，ブランスフォードらの実験で使われた課題です。次の文章を読んでみましょう。

　　手順は実に簡単である。まず，いくつかの山にまとめる。もちろん，量によっては一山でもかまわない。設備がその場にないときには，次の段階としてどこか他の場所に行くことになる。そうでなければ，準備は出来上がりである。たくさんやりすぎないことが大切である。つまり，一度にあまり多くの量をこなすくらいなら，少なめの量をこなすほうがよい。短期的にみれば，これはさして重要でないようにみえるかもしれないが，すぐにやっかいなことになる。ここを間違えると高くついてしまうことがあるのだ。最初は手順全体が複雑に思えるかもしれない。でも，それはすぐに生活の単なる一側面に過ぎなくなるだろう。比較的近い将来にこの仕事がなくなるという見通しはない。それは，誰にもわからない。手順が完了すると，またいくつかの山にまとめる。それから適切な場所に入れる。やがて，それらはもう一度使われる。このようなサイクルを繰り返さなければならない。でもこれは，生活の一部なのである。

　　　　　　　　　　　　（Bransford & Johnson, 1972；市川，1995）

　この話は一体何の話なのだろうか，よくわからないなぁ，という印象を持ったと思います。しかし，これは「洗濯の話」であると教えられれば，どうでしょうか。再び読み直してみると，非常によくわかると思います。ブランスフォードらの実験でも，洗濯の話であると教えられたグループと教えられなかったグループでは，内容に関する記憶成績に大きな差があったことが確認されています。

　「何の話か」という情報がない状態では，ボトムアップ型の処理のみに頼らざるを得なかったため，読んでもよくわからない状態に陥ってしまったと考えられます。一方，「洗濯の話」であると教えられると，一気に理解できました。これは，洗濯に関する既有知識を有効に使って，文どうしのつながりを推論するトップダウン型の処理が行えるためといえます。

3.2.2　テキストベースと状況モデル

　ところで，文章を読んだときに，「文章自体は読めたけど，どういうこと
か意味がわからない」といった経験をしたことはないでしょうか。この状態
は，キンチュ（Kintsch, W.）らの提出したテキストベースと状況モデルの考
え方を使って説明できます。**テキストベース**とは，文章から直接的に与えら
れる情報の集まりです。一方，**状況モデル**は，自分の持っている知識や記憶
と，文章に書かれた内容を統合して作り上げられます。たとえば，図3.5の
(1)の文章をみてみましょう。「ジャックはゴルフに行くために授業を休ん
だ。彼は先生に自分は病気だと話した。」とあります。この文章には，ジャ
ックがゴルフに行くために授業を休んだ，ことと，彼が先生に対して自分は
病気であることが書かれています。そして，「ジャックは本当のことではな
いことを言っている」「本当のことではないことを言うというのは，つまり
先生に嘘をついたということだ」などのように，文章の情報から筋の通った
解釈を作り上げることが可能です。(2)は2つの文が書かれていますが，
「その丸太の下で」という言葉を手がかりに2つの文の情報を統合した状況
を思い浮かべることができます。先に述べた，文章は読めたけど意味がよく
わからないといった場合には，文章内容の表象がテキストベースの状態にと
どまっていて，状況モデルとして構築されていないと考えられます。文章理

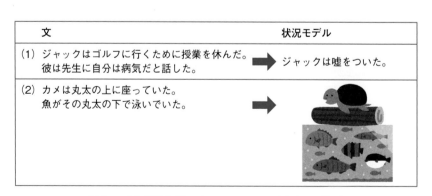

図3.5　**文と状況モデル**（Kintsch, 1998 を改変して作成）

解を促進するためには，文章から状況モデルをいかに構築するかが鍵になります。

3.2.3 文章理解を促進する知識と方略

　文章を読んで理解する際に，私たちはさまざまな知識を使っています。よく知っている話題の文章は読みやすく理解しやすいと思います。領域内容に関する知識が豊富なほど，読んだ文章の内容と自分の持っている知識を結びつけることができ，状況モデルの構築が容易になるためです。

　どの領域の知識に関連づければよいかということがあらかじめわかっていると，文章の理解がさらに促進されます。オーズベル（Ausubel, 1960）は，単語の記憶実験の前に，それらの単語の関連を抽象的に述べた文章を実験参加者に読ませておくと，記憶成績が向上することを示しました。最初に提示する文は**先行オーガナイザー**と呼ばれます。先行オーガナイザーによって，関連する領域内容の知識が活性化され新しく入ってきた情報が取り込みやすくなるのです。本のまえがきや新聞のリード文や小見出しなども，先行オーガナイザーの一種であり，文章理解を促進するための書き手側の工夫といえます。

　領域内容の知識が豊富であることも重要ですが，一方で，文章を読んでいるときに，その文章と関連する既有知識を見つけようとしたり，新しい情報と結びつけようとしたりすることも重要です。つまり，自ら積極的に文章を理解して状況モデルを構築するための認知的活動を行うことが，とくに内容の難しい文章を理解するためには欠かせません。犬塚（2002）は中学生から大学生を対象とした調査を実施し，そうした文章を理解する際の工夫を明らかにして，それらを文章理解方略としてまとめています（図3.6）。

　理解補償方略は理解のための基礎的な処理を助ける方略で，具体的には，単語や文を言い換えて意味を明確にしようとしたり，読むスピードや読み直したりといった読みの状態をコントロールしようとすることです。内容理解方略は，文章全体の理解に関わる方略で，文章の要点をつかんだり，それを

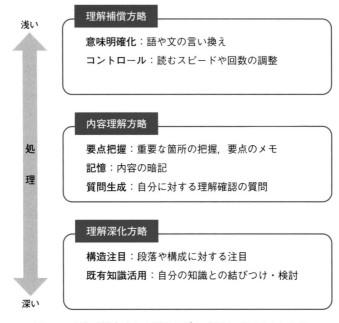

図3.6　**文章理解方略の3因子モデル**（犬塚，2010より作成）

覚えておいたり，また，自分がわかっているか確認するために自分自身に問いかけたりする活動を含みます。認知的処理のレベルとしては，理解補償方略よりも深い処理として位置づけられます。最後に，理解深化方略は文章そのものからわかること以上の理解を得るための方略です。文章の構成に注目したり，自分の知っていることと照らし合わせたりする方略です。

3.2.4　文章理解の指導――方略の使用を中心に

　ここまで説明してきたことをまとめると，文章を十分に理解するためには，文章の領域内容に関する知識の獲得と，文章をより深く理解するための方略使用が重要であるといえます。ここでは，文章理解のための方略の指導が，学習者の理解度の向上に役立つことを示した研究を紹介しましょう。

　秋田（1988）は文章に対する質問作りが説明文の理解を促すことを明らか

にしています。具体的には，中学生を3つのグループに分けて下記の活動を
してもらいます。

- **質問作成群**……文章を読み終わったあと，文章が理解できたかどうかを確
かめる質問を先生になったつもりで作成し答えるよう指示されたグループ。
- **解答群**……与えられた質問に答えながら読むよう指示されたグループ。
- **統制群**……単にしっかり読むように指示されたグループ。

　その後，文章をどの程度理解したか確認するために，要点を再生させるテ
ストを行いました。その結果，解答群や統制群に比べて，質問作成群の成績
が優れていることが示されました。また詳細な分析の結果，言語能力の高い
生徒よりも，中位や下位の生徒に，質問作りの効果があったことがわかりま
した。言語能力の高い生徒は，普段からそうした方略を自発的に取り入れて
いるのに対して，それ以外の生徒は自分でそうした工夫を行うことができず，
上記のような指導によってはじめて方略を用いることができるようになった
ことが理解度の向上につながったと考えられています。また，質問作り以外
にも，文章の要約を行わせることが文章の理解を促すことも報告されていま
す（石田他，1982）。これらの結果から，文章理解に関する個々の方略をて
いねいに指導していくことが，文章理解の向上に結びつくことが示唆されま
す。

　一方，授業の中で体系的に方略を獲得していく教授プログラムも考案され
ています。その代表的なプログラムとして知られるパリンサーとブラウン
（Palincsar & Brown, 1984）の相互教授法では，①要約，②質問，③明確化，
④予測，の4つの文章理解方略が取り上げられます。これらの方略について，
最初は教師がモデルとなって方略の利用の仕方を明示的に説明します。その
後，子どもたち自身に要約，質問，明確化，予測を実際に行わせます。その
際，子どもたちが説明役と聞き役として役割を分担し，協同で対話的にこれ
らの活動を体験することが相互教授法の特徴です。こうした工夫によって，
方略をより確実に習得させるというねらいがあります。

　また，文章理解の方略だけではなく，そもそも文章に書かれた内容を理解

したいという意欲を持つことが重要であることが指摘され，方略と動機づけ
の両側面から指導・支援を行う長期的プログラム CORI（Concept-Oriented
Reading Instruction；Guthrie et al., 1998）も開発されています。CORI では，
あるテーマに対する学習の中で教師からの指導や支援として，①文章理解方
略の指導，②科学的探究プロセスの指導，③動機づけのサポート，④学習活
動結果の統合や表現に対する支援，が行われます。

　実際には，「鳥や昆虫の生息環境と適応」といったテーマが設定されまし
た。学習者は，まず鳥や昆虫の観察などによって自分なりの疑問を見つけて
いきます。自分で問題を設定することで，学習への動機づけが高まります。
次に，その問題に関連する本や資料などを図書館等で探して読みます。一般
に本や資料の文章は一部を除いては，教科書のように「5 年生用」などとし
ては書かれていません。その子どもにとって，少し難しく感じるような説明
文を読んで理解することが必要になる場合も出てくることでしょう。子ども
たちは，教師から文章理解の方略を教えてもらうことで，文章を理解し必要
な情報を統合していきます。そして，プログラムの最後では，調べたことを
まとめて，発表を行いました。

　この指導プログラムの結果，伝統的な形式の授業と比べて，子どもたちは
自ら方略を使用するようになりました。また，テーマに関する知識について
も，より多くのことを獲得したことが確認されました。学習内容に関する知
識も，学習内容を理解するための方略も，学習者自身の理解したいという動
機づけがあってこそ，効果的に獲得できることを示しています。

参 考 図 書

麻柄 啓一（編集代表）（2006）．学習者の誤った知識をどう修正するか――ル・
バー修正ストラテジーの研究―― 東北大学出版会

　学習者の誤概念，素朴理論を修正するためには，どのような指導法が有効かを
実験的に検討した研究が紹介されています。主に算数，理科，社会科領域の誤っ
た知識を対象としています。また，第1章では，そもそも誤概念，素朴概念，素
朴理論とは何かについての説明がなされています。

森 敏昭（編著）21世紀の認知心理学を創る会（2001）．認知心理学を語る②
おもしろ言語のラボラトリー 北大路書房

　序章で，文章理解を含む広範な言語研究を整理した見取り図が示されています。
本書で扱った文章理解以外にも，文自体の理解や会話の理解など，他にも教育場
面で必要な言語の理解に関する研究が精力的に行われていることを実感できるで
しょう。

キーワード

概念　誤概念　素朴概念　素朴理論　メンタルモデル　ボトムアップ型の処理
トップダウン型の処理　スキーマ　テキストベース　状況モデル　先行オーガナ
イザー

問題解決　　第章

　考える力すなわち思考力を育成することは，現代の学校教育の重要な目標の一つです。「思考」と一口にいっても，その指し示す内容は多様です。たとえば，「テストの問題を解く」「花が枯れた原因を推測する」「同じ商品をＡ店とＢ店どちらで購入したほうがよいか判断する」，これらはすべて文末の述語を「考える」に入れ替えることができます。つまり，問題解決，推論，判断などの認知的活動を総称して私たちは思考と呼んでいるわけです。こうしたさまざまな思考活動については，認知心理学の分野で研究がすすめられています。本章では，学校における教科教育と密接に関連する**「数学的問題解決」**について詳しくみていきます。数学的問題解決の研究では，数学的問題解決の認知過程とその遂行に必要な認知的要因について，明らかにされています。それらを紹介して，算数・数学に関するつまずきとつまずきを解消する指導について考えていきます。

4.1　数学的問題解決の認知過程

4.1.1　数学的問題解決の4段階モデル

　算数・数学の問題を解くときには，まず初めに問題文を読みます。そして，読んで理解した内容から，式を立てて計算を行い，答えを出します。つまり，問題を解くプロセスは，問題を「理解」する段階と，「解く」段階の大きく2つに分けることができます。メイヤーは，理解段階と解決段階をさらに2つに分けて，図4.1のように整理しています（Mayer, 1992）。このモデルに

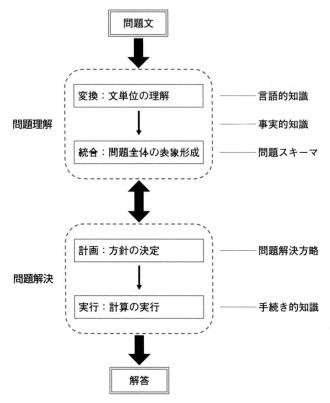

図 4.1　**数学的問題解決のプロセスと認知的要因**（Mayer, 1992 を改変）

【問題】
ある会場に小学生が集まりました。
集まった小学生 200 人のうち 80 人が女子でした。
女子の人数の割合は，集まった小学生の人数の何％ですか。下の 1 から 4 までの中から
1 つ選んで，その番号を書きましょう。
　　1.　0.4％
　　2.　2.5％
　　3.　40％
　　4.　80％

図 4.2　**2009 年度全国・学力学習状況調査の「割合」に関する問題**

沿って，算数の問題（**図 4.2**）と対応させながら，問題解決に必要な認知的
要因をみていきましょう。

4.1.2 問題理解のプロセスと認知的要因

　まず，問題文を読むわけですが，最初は一つひとつの文についてその意味
を理解していきます。これを「**変換**」と呼びます。そのときに必要になるの
が，言語的知識や事実的知識です。問題例の「ある会場に小学生が集まりま
した」という最初の文は，「小学生は年齢が 6 歳から 12 歳の間の小学校に通
っている子どものこと」といった言語的知識によって，具体的な表象に変換
されます。また「小学生には女子の小学生と男子の小学生がいる」といった
事実に関する知識や，「割合」「％」といった数学的な概念知識も必要です。
もしこうした知識が身についていない場合には，問題理解の段階でつまずく
ということになります。

　次に，一つひとつの文でわかったことをまとめて，問題の全体的な意味を
理解する段階があります。これを「**統合**」と呼びます。そこで必要になるの
が，問題スキーマです。**問題スキーマ**とは，問題の全体像を理解するために
必要な知識を意味します。**図 4.2** の「割合」に関する問題の場合，もし学習
者が割合の問題に関する問題スキーマを持っていればそれを活用して，「こ
の問題は，もとになる量（基準量）が小学生の人数で，比べられる量（比較
量）が女子の人数になっているときの『割合』の問題だ」と理解することが
できます。しかし，割合の問題スキーマが十分に獲得されていない場合には，
こうした理解に結びつけることが難しくなります。

　数学的問題解決における子どものつまずきの多くは，問題スキーマの獲得
が十分でないために，問題文を正確に理解できないことが原因として指摘さ
れています（たとえば，石田・多鹿，1993）。「一つひとつの問題文の意味は
わかるけど，問題全体として何を問われているかがわからない」という悩み
は多く聞かれます。**図 4.2** の問題について，全体の 22.6％の児童が解答類型
2「2.5％」を選択しています。文部科学省の報告書によると，「200÷80＝2.5

として2.5%を選択したと考えられる」と分析がなされています。もし，割合の問題スキーマを身につけていれば，「もとになる量が200で，比べられる量が80だから，割合を求める式は80÷200だ」といった具合に，問題文が表す状況を正確に理解して立式することができます。しかし，2.5%を選択した児童は，問題文の状況を理解できない（あるいはしないまま），問題文の数値だけを拾い，大きい数を小さい数で割った値をそのまま答えにしていると推測されます。栗山（2007）は，割合の学習が終わった小学6年生を対象に，問題文に示される数値のうち，どれが「もとにする量」で，どれが「比べられる量」かについて尋ねる面接調査を実施しました。分析結果から，正しく同定できた子どもは，全体の約45%であったことが報告されています。割合に関する問題では，半数以上が問題スキーマを獲得できていないことを示しているといえます（コラム4.1）。

4.1.3　問題解決のプロセスと認知的要因

　問題の状況を全体的に理解した後，問題をどのように解いていくかという方針が立てられます。この段階を「計画」と呼びます。ここで，公式や何らかの計算を適用すれば解けるはずだといった見通しが立てば，次に実際の計算が実行されます。図4.2の問題においても，「この問題は割合を求める公式『割合＝比べられる量÷もとにする量』を使えば解けるはず」と見通しが立てば，公式の構成要素に対応する数値を公式に代入して「割合＝80÷200」として計算が行われます。

　もし，解決の方針が立たない場合には，図や表を書いたり，求めるものは何かを考えさらにそれを求めるには……と逆向きに考えたり，問題に対するさまざまな工夫が試みられます。こうした問題を解決に導くための工夫のことを，問題解決方略と呼びます。ポリヤやシェーンフェルドは，多くの数学の問題に共通して用いることができる問題解決方略を整理しています（Polya, 1945；Schoenfeld, 1985）。

　最後に立式した計算を実行する段階では，各種の演算を正確に行うための

コラム 4.1　「割合」の学習が難しい原因

　「割合」の学習が難しい原因について，これまでにさまざまな指摘がなされています。ここでは，実践的な立場から2つ紹介します。1つめは「割合」の定義に使われる用語が難しいことです。算数の教科書で「割合」がどのように定義されているか確認してみると，「割合＝比べられる量÷もとにする量」と記述されているもの，「割合＝比べる量÷もとにする量」と記述されているものなどいくつかのパターンがあるようです。本文でも紹介したように，栗山（2007）は，割合の要素であるこれらの量を，子どもたちが正確に同定できないことを明らかにしています。一方で，栗山（2011）は，割合を学習する以前の小学4，5年生が，日常生活の中での割合の基本的な意味や大きさについて理解していることも示しています。教科書で使われる，比べられる量，比べる量，もとにする量は，いずれも子どもにとってはあまりなじみのない言葉であり，こうした用語による割合の説明が，かえって割合の概念を理解する妨げの一つになっているといえるのではないでしょうか。

　2つめは，数直線を用いた説明が理解されていない可能性です。教科書では割合の問題文中に現れる数値を，数直線図にプロットして数値間の関係を図示して説明がなされます。しかし，そうした説明が理解できないまま，公式を丸暗記して対処している学習者も多いのではないかと思われます。進藤・守屋（2015）は，割合の問題解決と数直線の理解との関連について，大学生を対象とした調査を実施しました。その結果，数直線上に適切な数値を記入できた者は6割程度であったことが報告されています。一方，数値を記入できなかった者でも立式はできているケースが多くみられました。

手続き的知識が必要です。図4.2の問題の場合80÷200という計算において，割られる数が割る数よりも小さい場合の割り算に関する手続き的知識が用いられます。こうした知識を正確に運用することが，最終的に正しい答えを得るために必要です。

4.1.4　全体の遂行に必要な認知的要因

　ここまで，メイヤーの提唱した4つの段階ごとに必要な認知的要因を個々に紹介してきました。この他にも，問題解決全体の遂行に必要とされる要因があります。1つめはメタ認知です。**メタ認知**とは，自分の行っていることが間違いなく正確に行われているかチェックしたり，チェックした結果をもとに行動を修正したりする心の働きのことです（メタ認知については第6章で詳しく説明します）。問題解決の各段階において，こうしたメタ認知の働きが頻繁に行われることによって，正解に到達することができるわけです。岡本（1992）は数学的問題解決の得点が高い子どものほうが，メタ認知的活動をよく行っていることを明らかにしています。数学的問題解決において，メタ認知が重要な役割を果たしていることが推察されます。

　その他に，近年注目されている要因がワーキングメモリです。**ワーキングメモリ**（作動記憶）は第2章でみた通り，言語情報，視覚情報，音韻情報の保持と処理を同時並行的に行う機能を持っています。こうした基礎的な処理を担当する認知的能力も，数学的問題解決の遂行に影響を与えていることが示されています。

　ここまでみてきた認知的要因とは別に，算数・数学の学習に関する**動機づけ**や**学習観**も重要です。そもそも動機づけが低い場合には，少しわからなくなるとあきらめてしまったり，粘り強く考え続けることができなかったり，問題解決の遂行を持続することができません。また，「どのように学習すれば効果的に学習が進められるか」という学習観が与える影響も明らかにされています（瀬尾，2010）。

　以上で説明してきたように，数学的問題解決の認知過程には，多くの認知的要因が関わっていて，一つひとつのプロセスを確実に実行していくことが要求されます。こうした数学的問題解決の認知過程に基づいて，子どもたちの問題解決の様子やつまずきを分析的にとらえることが可能になります。市川らが開発した**算数・数学力診断テストCOMPASS**（市川他，2009；植阪他，2014）は，数学的問題解決の認知過程モデルに沿って，子どもたちのつ

まずきを診断することができます。

4.2 数学的問題解決の学習と指導

4.2.1 問題スキーマの獲得

　数学的問題解決の力をつけるためには，4.1 節でみたように多くの知識やスキルを身につけることが必要です。その中でも，問題スキーマを獲得することはとくに重要です。数学的問題解決のつまずきは，4 つの段階のうち 2 つめの「統合」の段階で多く起こり，そこには問題スキーマが関連しているためです。問題スキーマは，その問題がどのような問題であるかを理解するための知識といえます。これまでの指導は，多くの問題を解く中でこうした知識が自然に身につくことを期待し，子どもに練習問題を解かせることが中心でした。

　しかし，前節で紹介した通り「割合」の問題では約半数の子どもが問題スキーマを獲得できず，従来の「問題を解く」指導では十分とはいえないことが示唆されます。では，問題スキーマを獲得するためには，問題を解くこと以外の方法として，どのようなアプローチがあるのでしょうか。これまでの研究では，大きく 2 つの方向性が示されています。一つは「問題の図式化」を通して問題スキーマを獲得するアプローチです（たとえば，Jitendra et al., 2011）。問題文中の変数間の関連を表した図（図 4.3）を，ジッテンドラらはスキーマ図と呼び，加減算や割合の学習場面でスキーマ図を作成する活動を取り入れた指導法が，従来の指導法よりも効果的であったことを示しています（Jitendra et al., 2007, 2011）。算数の文章題解決では，問題文中の数値とキーワード（多い，少ないなど）のみに着目して立式を行い（多いならば足し算，少ないならば引き算などのように），答えを間違える子どもの存在が明らかにされています（Hegarty et al., 1995）。問題文の状況を図に表すという活動は，数値間の関連性を整理して問題状況の正確な把握を促します。文章題解決の力をつけるためには，こうした活動を取り入れることによって，

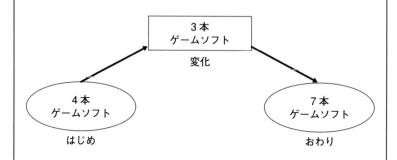

【変化】
ジェーンはゲームソフトを4本持っていました。お母さんから誕生日プレゼントにゲームソフトを3本もらいました。ジェーンは，いま，ゲームソフトを7本持っています。

【割合】
ある中学校のカフェテリアでは，木曜日にスムージーが42，定食が75，クッキーが80，チップスが51，サラダバーランチが100，朝食バーが26売れました。サラダバーランチの売上げに対する定食の売上げの割合は？

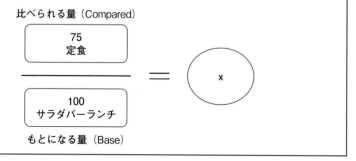

図4.3 スキーマ図の例 (Jitendra et al., 2007, 2011 より作成)

正確な問題スキーマを構成していくことが望まれます（**コラム 4.2**）。

　もう一つの方向性は，「複数の問題文を比較検討する」ことを通して問題スキーマの獲得をねらうものです（たとえば，Fuchs et al., 2004）。フックスらは，文章題解決の学習において，問題スキーマは同じで，問題文の見かけ

コラム 4.2　「公式・法則」丸暗記の功罪
——手続き的理解と意味的理解のバランス

　ジッテンドラらのスキーマ図（**図 4.3**）を見て，「『くもわ』や『はじき』の法則」を思い出した人もいるのではないでしょうか。

　「くもわ」は割合の求め方「⑥くらべられる量÷⑰もとにする量＝⑱わりあい」を，「はじき」は速さの求め方「⑲はやさ×⑳じかん＝㉑きょり」を「法則」として表したものです。こうした「法則」は，その意味を十分に理解して用いる場合には，とくに問題はありません。しかし，「くもわ」をとにかく暗記して問題へ適用する方法を教え込む指導が時折みられます。具体的には，問題文の中の「○○の▲▲に対する割合を求めなさい」という部分に下線を引かせて，○○は「くらべられる量」，▲▲は「もとにする量」になっているから，これを「くもわ」の式に代入しなさい，といった指導です。こうした機械的な手続きを覚え込ませる指導は，問題文が全く同じ形式の場合には有効です。しかし形式が変わるとどうでしょうか？　割合の意味を十分に理解していないと，誤った立式につながることは容易に想像がつきます。

　ジッテンドラらのスキーマ図による実践が効果を上げたのは，スキーマ図を子どもたちが書く活動を丁寧に行ったことによって，問題文の状況を十分に理解し，問題スキーマが形成されたためと考えられます。

　割合とは少し異なりますが，低学年の加減法の指導場面でも，問題解決の手続きのみを重視しすぎた指導をみかけることがあります。たとえば，「『大きい・多い』のときは『たしざん』をしましょう」といった指導です。この「法則」は，果たしていつでも成り立つ法則なのでしょうか？　こうした手続きの丸暗記を促す指導が子どもに与える（悪）影響について，子どもに教える立場の人には，ぜひ立ち止まって考える機会を持ってほしいと思います。

表 4.1　同一の問題スキーマによって解ける問題例 (Fuchs et al., 2004)

オリジナル問題 グレッグは誕生会のために，16個の風船を必要としています。風船は1袋に10個入っています。何袋必要でしょうか？
変化させた問題 **【出題形式を変更】** 　　　　　スーパーマーケットの広告：「1袋4枚入りのピザがお買い得です！」 あなたは広告を見て，今度のディナーパーティでピザを出そうと決めました。10枚必要だと考えました。何袋必要ですか？　答えを1つ選びなさい。 　　　　　2枚，　3枚，　4枚，　5枚 **【言葉を変更】** フランシスはディナーパーティのために卵を買います。彼女は料理を作るために，26個の卵が必要です。卵はダースで売られています。何ダース必要ですか？ **【求めるものを変更】** ホセはアイスホッケーのパックを買うために25ドル持っています。7つのパックが必要です。パックは1袋3つ入りで売られていて，1袋8ドルです。パックを買った後，ホセは何ドル持っていますか？ **【問題を拡張】** フリーダは文房具屋さんに向かっています。彼女は15本の鉛筆と2つの鉛筆削り，そして4冊のノートが必要です。鉛筆は袋に7本ずつ入っていて1袋3ドルです。鉛筆削りは1つ10ドル，ノートは1冊3ドルです。彼女は何ドル使うでしょうか？

が異なるように表現を変えた複数の問題（**表4.1**）を用いた指導法を開発しています。教師が解説した後，子どもたちどうしで説明し合って解かせる指導を実施しました。こちらでも従来の指導より効果的であったことが示されました。この研究では，スキーマ知識がどれくらい獲得されたかを調べるテストも同時に行って，指導によってスキーマ知識が獲得されたことを確認しています。

　以上の研究結果から，問題を解いて答え合わせをするという従来の指導だけでなく，問題文の数値間の関連を整理したり，複数の問題文を比較しながら問題スキーマを明確化するといった学習活動を積極的に取り入れていくことが，文章題のつまずきを解消する上で有効であると考えられます。

4.2.2　問題解決方略の明示的指導

「基本的な文章題は解けるけど，応用問題は苦手」という悩みが，小学校高学年や中学生，高校生と学年が上がるにつれてよくみられます。基本的な文章題は，問題スキーマを直接的に適用して解決できる問題であり，こうした問題を解決することは「**定型的問題解決**」と呼ばれます。一方，すでに知っている基本的な問題スキーマを直接的には適用できず，概念の本質的な理解や問題解決の工夫が必要とされる問題解決は「**非定型的問題解決**」と呼ばれます。国内外の学力調査（TIMSS，全国学力・学習状況調査など）でも，日本の子どもたちの学力の実態として，定型的問題解決と比べて非定型的問題解決が弱いという傾向が示されています。

非定型的問題解決では，問題への工夫つまり先に述べた問題解決方略（**表4.2**）によって，既知の問題スキーマが適用できるように問題を分解したり，変化させたりすることが必要になります。問題解決に熟達している人は，こうした問題解決方略を用いながら自分の知っているスキーマを適用できる形に持ち込んで，問題解決を図っていると考えられます。

しかし，問題解決方略は，これまでの学校の授業や教科書で，明示的に扱われることは少なかったといえます。問題解決方略は「考え方のコツ」であり，多くの問題に適用可能な性質を持つ一方で，そのやり方を使えば必ず解けるといった保証があるわけではありません。常に正しい解に到達できる手続きをアルゴリズムと呼びますが，学校の学習では，アルゴリズムの習得を優先してきたともいえます。ただし，今後の教育の目指す方向性として，

表 4.2　問題解決方略の例
(Polya, 1945 ; Schoenfeld, 1985 より作成)

- 未知のものは何か，既知のものは何か，条件は何か考えよう。
- 図を描こう。
- 変数の少ない類似の問題を考えよう。
- 適用できる定理はあるか考えよう。
- 下位目標を設定しよう。
- データや条件はすべて使ったか確認しよう。

「思考力」の育成が打ち出されていることからも，もっと明示的に問題解決方略を指導していくことが求められます。

　問題解決方略の指導は，問題解決のプロセスの中で行っていくことが有効と考えられます。たとえば，教師が問題を解くときに頭の中で考えていることをすべて発話しながら解いていく様子を見せるといった，**発話思考法**のような形で，どのように問題解決の工夫が行われているか，教師が意識的に明確に伝えていくことも有効でしょう。また，多様な工夫自体について明確に意識したことがない子どもも少なくありません。チェックリストのような形で問題解決方略を提示したカードを持たせて，自分で問題を解く際に試みるよう促す指導も考えられます。

4.2.3　メタ認知能力の育成

　メタ認知能力を高めていくためには，自らの思考過程をアウトプットする学習活動を日々の授業や家庭学習の中に組み込むことが有効です。ここでは，説明活動と教訓帰納を紹介しましょう。**説明活動**は，考え方や解き方について自分の考えを他者に説明する活動です。自分では何となく理解していたつもりでも，実際に他者に説明してみるとわかってもらえなかったり，質問されてうまく答えられなかったりといった経験をすることがあります。こうした経験は自分の理解状態が不十分であることを認識する貴重な機会となります。他者からのフィードバックは有用な情報ですが，他者がいない家庭学習場面などでは，自分自身に向けて説明すること，つまり**自己説明**によっても似たような経験ができます。他者説明や自己説明といった説明活動を積み重ねることで，自分の理解状態をモニタリングする力の向上が期待できます。

　自分の考え方や解き方を振り返る学習活動も，メタ認知能力の向上には効果的です。市川（1991）は，問題を解いた後に，まちがったものについて「なぜまちがったのか」まちがいの原因を分析し，教訓として言語化しておくことすなわち**教訓帰納**を行うことが問題解決の力をつけるために重要であると述べています。ここでポイントになるのが，教訓が一定程度の具体性を

持っていることです。教訓として言語化する際に「もっとしっかり式を見る」といったかなり抽象的な教訓よりも「符号（＋や−）の変化に注意して変形する」といったある程度の具体性を持った教訓を抽出しておくことが，次の問題解決場面に有用であることは明らかです。こうした「次の機会に使える教訓」を引き出すことは，最初は自力では難しい場合も多いと思われます。教訓の具体例を示したり，仲間と相互に紹介しあう活動を通して教訓の質を高めていく支援が有効です。

参 考 図 書

市川 伸一（編著）（2010）．現代の認知心理学 5　発達と学習　北大路書房

　　人間の認知発達や学習の仕組みを認知心理学の視点から解説した専門書です。第 3 章「数量概念の獲得」（藤村宣之），第 8 章「数学力を育てる」（瀬尾美紀子）が直接的に本章と関連していて，より専門的な内容を学ぶことができます。また，第 4 章「推論能力の発達」（山 祐嗣）は，思考の一つの側面である「推論」について扱われています。

榊原 知美（編著）（2014）．算数・理科を学ぶ子どもの発達心理学——文化・認
　　　知・学習——　金子書房

　　子どもの算数・理科学習に関する基礎的な研究知見と最新の成果がバランスよく解説されています。学習と文化の関わりや文化間移動における学習支援について述べられており，実践場面で役立つヒントを得ることができるでしょう。なお，本章で詳細には扱わなかった「学習観」は，第 6 章「算数・数学に関する学習観・指導観・教育観」（瀬尾美紀子）に詳述されています。

キーワード

数学的問題解決　変換　統合　問題スキーマ　計画　問題解決方略　手続き的知識　メタ認知　ワーキングメモリ　動機づけ　学習観　算数・数学力診断テストCOMPASS　スキーマ図　定型的問題解決　非定型的問題解決　アルゴリズム発話思考法　説明活動　自己説明　教訓帰納

学習の動機づけ

第 **5** 章

　あさってはテストの日。良い成績をとるためには，勉強しなければいけないことはわかっている。でも，なんとなくやる気が起きない。

　このような，やる気についての悩みを，多くの人が経験していると思います。やる気が起きないのは，なぜでしょうか。いったい，どういうときに，やる気は起きるのでしょうか。やる気に関する問題を，教育心理学では，「学習の動機づけ」と呼んで，数多くの研究が進められてきました。本章では，学習の動機づけに関する主要な理論を学び，教育場面において動機づけを高めるにはどうすればよいか考えてみることにしましょう。

5.1 学習の動機づけ

　一般に，**動機づけ**とは，ある行動を引き起こし，方向づけ，維持するといった一連の過程に作用する心の働きを指します。この定義に基づくと，**学習の動機づけ**とは，学習行動を引き起こし，方向づけ，維持するための心の働きといえます（図5.1）。つまり，学習に取りかかり，目標に向かってその学習を継続させようとする意欲であり原動力といえます。この動機づけをどのようにとらえるかについては，いろいろな立場があります。はじめに，「内発的動機づけと外発的動機づけ」の考え方をみていきましょう。

5.1.1 内発的動機づけと外発的動機づけ

　これまで，なぜ勉強してきたか，振り返って理由を考えてみましょう。お

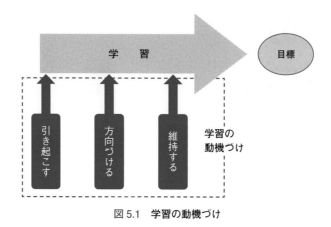

図5.1　学習の動機づけ

そらく，いろいろな理由を挙げることができると思いますが，「先生にほめられたいから勉強する」「良い成績をとるとゲームを買ってもらえるから頑張る」「成績が落ちると親に叱られる」などを勉強の理由として挙げる人もいると思います。こういった外的な報酬や罰によって動機づけられることを**外発的動機づけ**と呼びます。この場合，学習することは，報酬を得たり罰を避けたりするための手段になっているといえます。

　一方，外的な報酬や罰のためではなく，「勉強自体がおもしろくて自分から取り組んだ」「テストには出ないけど，もっと知りたくなって調べてみた」などのように，知的な興味や関心が原動力となったという人もいるでしょう。このように，報酬を得るための手段としてではなく，学習すること自体が目的となった動機づけを**内発的動機づけ**といいます。

5.1.2　外発的動機づけの効果と限界

　外発的動機づけの持つ効果と限界について考えてみましょう。一般に，ごほうびとしての報酬が与えられれば，学習者は次も頑張ろうとやる気が高まります。たとえば，小学校低学年くらいの子どもたちであれば，先生からノートにシールを貼ってもらえるのがうれしくて，宿題に一生懸命取り組む様

子はよくみられます。一方,「成績が下がったらお小遣いを減らす」などの
ように,罰が示されるとその罰を避けるために学習への取組みが促進される
こともあります。つまり,報酬や罰のような外発的動機づけには,学習者を
学習に取り組ませる一定の効果があるわけです。

　しかし,もし報酬や罰がなくなったとしたらどうでしょうか。これらが与
えられなくても,学習に取り組み続けることができる学習者がいる一方で,
「シールがもらえないなら,やらない」とか「成績が下がってもお小遣いに
影響しないのなら,勉強しない」というように,学習への取組みをやめてし
まう学習者が出てくる可能性は十分にあります。

　レッパー他(Lepper et al., 1973；Greene & Lepper, 1974)の幼稚園児を対
象とした実験では,ごほうびを与えることが,結果的に子どもの内発的動機
づけを低めてしまうことが確認されています。彼らは,まず初めに幼稚園の
自由時間に子どもたちが遊ぶ様子を観察し,自発的にお絵描きをする時間を
測定しました。これは,実験前の内発的動機づけの状態を調べるための観察
です。動機づけは心理的なものであり体重や身長のように目で見て測ること
ができないため,その代わりに,自発的にお絵描きに取り組む時間を内発的
動機づけの指標に置き換える手法が用いられます。

　最初の観察から2週間後に,55人の子どもたちを3つのグループにラン
ダムに分け,1人ずつ実験室に呼んで絵を描かせました。「報酬予期(ごほ
うび約束)」グループの子どもには,絵を描くともらえる名前入りの賞状を
見せた後,絵を描かせ,実験後に約束通り名前を入れた賞状を渡しました。
「報酬なし(ごほうびなし)」グループの子どもには,賞状は見せず単に「絵
を描いてね」と伝えた後,絵を描かせました。報酬は与えられていません。
「予期しない報酬(約束しないごほうび)」グループの子どもは,「報酬なし」
グループと同じ条件で絵を描かせますが,終了後に賞状が渡されました。

　実験の1〜2週間後,実験前と同様に,子どもたちが遊ぶ様子を観察し,
自発的に絵を描いた時間を測定しました。図5.2はその結果です。3つのグ
ループを比べると,実験前の観察では,自由時間中に絵を描いた時間の割合

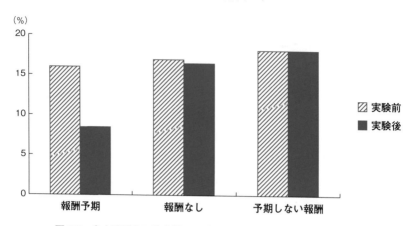

図5.2　**自由時間中に絵を描いた時間の割合**（Lepper et al., 1973）

は，報酬予期グループ16％，報酬なしグループ17％，予期しない報酬グル
ープ18％とほぼ同じ結果になりました。ランダムに分けられた3つのグル
ープで，実験前の内発的動機づけには，ほとんど差がないことがわかります。
しかし，実験後の観察では，報酬予期グループの子どもたちの絵を描いた時
間が実験前の約半分に減っています。一方，報酬なしグループと予期しない
報酬グループでは，そういった減少はみられません。この結果は，賞状とい
う外的な報酬によって，内発的動機づけが低下する可能性を示したもので，
アンダーマイニング効果と呼ばれます。この現象は，幼児から大学生まで幅
広い年齢対象で確認されています。もともと楽しいから絵を描くなどのよう
に，内発的な動機づけによって行われていた行動に外的な報酬を伴わせると，
絵を描く目的が報酬を得ることに変わってしまうために，報酬がなくなると
絵を描くことをやめてしまうと考えられます。

　報酬や罰などの外発的動機づけによる学習は，一時的には効果があるかも
しれません。しかし，それらがなくなると学習への取組みが必ずしも保証さ
れない可能性があるだけでなく，レッパーらの実験結果のように，もともと
持っていた学習への内発的動機づけを低めることもあります。教育場面で外

コラム 5.1	どんな種類の報酬であれば内発的動機づけを高める ことができるか——物質的報酬と言語的報酬

　「報酬」という言葉からは，お金や物などの物質的な報酬が思い浮かびやすいですが，心理学では「ほめ言葉」も報酬として扱われ，**言語的報酬**と呼ばれます。デシら（Deci et al., 1999）は，言語的報酬と内発的動機づけの関係を検討した 20 余りの研究をメタ分析し，言語的報酬には内発的動機づけを高める効果があることを示しています。確かに，勉強でもスポーツでもほめられれば，やる気がわきます。ほめることによって子どものやる気を上手に引き出している先生や指導者もいます。

　ただし，ひとくちにほめるといっても，いろいろなほめ方があります。どのようにほめるかによっても，内発的動機づけが影響を受けることがデシらの分析からもわかっています。たとえば，「素晴らしい成績だね。次も良い成績をとらなければいけないよ」とプレッシャーをかけるようなほめ方は内発的動機づけを低めます。一方，「よく頑張ったね」と頑張った事実を率直にほめた場合に，内発的動機づけが高まります。

　その他，簡単すぎる問題が解けてほめられてもあまりうれしくなかったり，あまりよく知らない人からほめられると何か意図があるのではないかと感じることもあります。どんな場合に，どのような言い方でほめることが効果的なのかについては，慎重に考えておく必要があります。学習者へのフィードバックという点で「評価」とも密接に関連する重要な問題といえます。

的報酬を用いる場合には，その効果と限界に十分留意する必要があります（コラム 5.1）。

5.1.3　内発的動機づけの源泉

　報酬や罰のような外発的動機づけによる学習には限界があるため，教育場面においては，内発的動機づけを高めていくことが重要になります。そのた

めには，より具体的に内発的動機づけについて理解する必要があるでしょう。

　内発的動機づけがどのようなものから構成されているかについては，いくつかの立場があります。その中でも，比較的共通して挙げられるものが，知的好奇心，熟達への欲求，自己決定・自律性への欲求です。これらが内発的動機づけの主要な源泉といってよいでしょう。1つめの**知的好奇心**は「新しいことを知りたい」「興味を持ったことについてもっと詳しく知りたい」といった，自分の知らないことを知りたいという欲求や，めずらしいことや興味を持ったことについて深くわかりたいという欲求です。かなり幼い子どもでも，こうした知的好奇心が内発的動機づけの源泉となっている例がよくみられます。たとえば，とくに教えられたわけではないのに，電車や昆虫の種類に詳しい子どもや，たくさんの歌を覚えて歌う子どもなど，興味を持ったことに対して場合によっては大人よりも豊富な知識を持っていることがあります。また，赤ちゃんでさえも，単純な形より顔のような複雑な形に目を向ける時間が長いという実験結果から，人間の好奇心は，かなり生来的なものであると考えられます。

　2つめの**熟達への欲求**とは，「○○できるようになりたい」という能力向上に対する欲求です。日常的な言葉に置き換えると，「向上心」とほぼ同じといってよいでしょう。たとえば，「九九が言えるようになりたい」とか「自転車に乗れるようになりたい」と強く思う気持ちは，自ら進んで九九を練習したり自転車の練習に挑戦したりする原動力になります。

　3つめの**自己決定・自律性への欲求**とは，他者から強制されるのではなく「自分自身で決めて自分でやりたい」という欲求を指します。今取り組もうとしていることが，他者から強制されたもののではなく自己決定に基づいたものだという感覚に支えられることで，自発的・自律的な行動が生まれるといえます（コラム 5.2）。

5.1.4　学習動機の2要因モデル

　前項まで，内発的動機づけと外発的動機づけの考え方を説明してきました。

コラム 5.2	内発 vs. 外発から自己決定理論へ (Ryan & Deci, 2000)

　学習者の意欲・やる気について考える際に，内発的動機づけと外発的動機づけの考え方や研究結果は，私たちに重要な示唆を与えてくれます。しかし一方で，こうした二分法的で対立的なとらえ方で，現実場面の動機づけを十分にとらえることができるのだろうかという疑問も浮かんできます。

　たとえば，明日の歴史の授業のためにフランス革命について予習することは，「授業を理解するため」という外発的動機づけに支えられているといえます。しかし，予習しているうちに面白くなって，当時のヨーロッパ諸外国の状況を調べたり，王妃マリー・アントワネットの生い立ちや生活について書かれた本を読んだりすることもあるでしょう。その場合，学習の発端は明日の授業のためという外発的動機づけですが，自発的に学習するという点では内発的動機づけが生まれているともいえます。このように動機づけは，混在しながら影響を及ぼしていることが多く，内発的動機づけと外発的動機づけのどちらかに明確に区分することは実際には難しいと思われます。

　ライアンとデシ（Ryan & Deci, 2000）は，外発的動機づけが自己決定の程度に応じて 4 つの段階に区別できると考え，それを概念化しました（図5.3）。詳細な説明は，専門的な参考図書（章末を参照）に譲りますが，内発的動機づけか外発的動機づけかという二分法を超えて，複数の調整段階としてとらえる視点によって，現実場面の動機づけの状態をより詳細に理解することが可能になります。

図 5.3　自己決定理論における動機づけの内面化・統合過程
(Ryan & Deci, 2000)

しかし，現実の学習場面では，学習者はもっと多様な動機に支えられて学習しています。たとえば，英語を学習している人に，「なぜ英語を勉強するのですか」と尋ねると，「海外の人とコミュニケーションをとるため」「新しい英語の知識が身につくことがうれしいから」「仕事で必要なため」「希望している大学の入試科目になっているから」など，さまざまな反応が返ってくることでしょう。これらを単純に内発的か外発的かという軸でとらえるのではなく，現実場面に照らしてより多面的に理解するために提案されたのが，**学習動機の 2 要因モデル**（市川，1995，2001）です。このモデルは，実際に学習者から「学習の動機」について自由に書いてもらった記述データを収集し，心理学的な手法で分類・整理して作られました（**図 5.4**）。

　このモデルでは，学習の中身をどれだけ重要視するかという「学習内容の重要性」と，学習の結果として得られる直接的成果や報酬をどの程度期待するかという「学習の功利性」の 2 つの軸（要因）を設定し，学習動機を 2 次元上に 6 つのグループとして配置しています。たとえば，**図 5.4** の「充実志向」は，「新しいことを学ぶのはそれ自体楽しいから」「わかるとおもしろいから」のように，学ぶこと自体を楽しみ，学ぶことによって充実感を得るこ

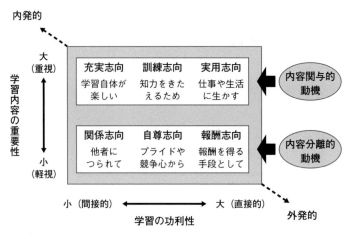

図 5.4　**学習動機の 2 要因モデル**（市川，2001 を改変）

とが学習の目的となっています。ここでは，何を学習するかという内容が重
要になるため，縦軸（学習内容の重要性）については上側になります。横軸
（学習の功利性）については一番左側になります。学ぶことそのものに充実
感を感じ，学んだ結果が資格の取得や報酬につながることを期待しているわ
けではないため，功利性は小さいからです。最終的に 2 次元のモデル図全体
の中では，左上に配置されます。

　「訓練志向」と「実用志向」は「充実志向」と同様に，学習内容を重視す
る動機づけで，この 3 つは関連性が比較的高いことが統計的にも確認されて
いるため，まとめて「内容関与的動機」と呼ぶこともあります。充実志向と
比べて学習の功利性をより直接的に追求する動機です。そのため，横軸に関
しては，充実志向の右に配置されます。学ぶことが仕事や生活などの実用場
面に直接的に結びつくことを重視したものが「実用志向」で，「訓練志向」
は，実用志向ほどではないけれども，学習を通じて間接的に頭の知的訓練に
なっているとする考え方です。

　学習内容自体についてあまり重視しないのが，モデル図下側の「関係志
向」「自尊志向」「報酬志向」になります。この 3 つも関連性が比較的高いこ
とが統計的に確認されているため，まとめて「内容分離的動機」と呼ぶこと
があります。その中で，「報酬志向」は「おこづかいがもらえる」「しないと
叱られる」など報酬を得たり罰を避けたりする手段として学習がとらえられ，
学習の功利性を強く求める動機といえます。反対に，そういった報酬や罰に
動機づけられるわけではなく，他者との関係が原動力となって現れる動機が
「関係志向」です。「先生が好きだから」「友だちがやっているから」といっ
た人間関係に支えられている動機ともいえます。一方，関係的な動機でも
「人に負けたくない」「人より優れていたい」など，プライドや競争心によっ
て引き起こされる動機が「自尊志向」です。

　前項で指摘したように，2 要因モデルの 6 つの志向についてもどれか 1 つ
の動機のみで学習行動が起こるというよりは，複数の動機が 1 人の学習者の
中に同時に存在すると考えるほうが自然でしょう。たとえば，冒頭で示した

英語の学習動機にしても，高校生の多くは「大学入試で必要だから」という報酬志向だけでなく，「海外の人とコミュニケーションがとれるようになれればいいな」という実用志向の動機づけも持っていることでしょう。2要因モデルは，このように学習者の動機づけを複数の側面から理解できるという特徴を持っています。

5.2 学習の動機づけの仕組み

　学習者の動機づけを高めるためには，どういう場合にどのように動機づけが高まり，あるいは低くなるのか，つまり動機づけの仕組みを理解する必要があります。動機づけの仕組みについて，教育心理学では多様な理論的立場から説明がなされてきました。その中から，期待×価値モデル，原因帰属理論，達成目標理論，そして自己効力理論を中心に説明していきます。

5.2.1 期待×価値モデル──課題の価値と成功可能性による説明

　動機づけを，「特性としての達成動機づけ」「主観的成功確率（期待）」「課題の価値」といった3つの変数の関数として次の数式によってとらえようとしたのが，アトキンソン（Atkinson, 1964）の**期待×価値モデル**です。

> 達成動機づけ
> 　＝特性としての達成動機づけ×主観的成功確率×課題の価値

　特性としての達成動機づけは，達成場面においてその人がもともとどれくらい成功したいと思っているかというパーソナリティ特性としての「成功願望動機」と，失敗を避けたいと思っているかという「失敗回避動機」によって決まる動機づけです。主観的成功確率とは，ある課題に対してどれくらいの確率で自分がやり遂げることが期待できるかといった主観的な成功可能性を指します。

　この期待×価値モデルの数式を使って，学習に対する動機づけの説明を行

ってみましょう。勉強する気が起きない，すなわち数式の左辺の達成動機づけが0になるのは，3つの変数のいずれかが0である場合ということになります。たとえば，「主観的成功確率＝0」つまり勉強に対してうまくやり遂げられる見通しが持てないときには，もともと達成したいと思っていても（特性としての達成動機は高い），またその課題をやることに価値を感じていたとしても，全体としての計算結果は0になります。一方，自分はその課題をやり遂げることができそうだと思っている（主観的成功確率が高い）場合でも，その課題をやる価値が見出せないとき，すなわち「課題の価値＝0」のときには，動機づけ全体としては0になります。まとめると，期待×価値モデルは，「課題の価値が十分に理解されること」と「その課題がやり遂げられそうだという見通しが持てること」が，学習の動機づけに必要であることを示しているといえます。

5.2.2 **原因帰属理論──学習結果の解釈スタイルによる説明**

　成功や失敗といった結果に対して，その原因をどのように推測し処理するかを，**原因帰属**と呼びます。たとえば，テストで不本意な点数をとったときに，「失敗したのはテスト勉強に対する努力が足りなかったからだ」と結論づけることが原因帰属の一例です。ワイナー（Weiner, 1972）は，成功や失敗に対する代表的な原因を**表5.1**のように整理し，「原因帰属の仕方が次の行動に対する動機づけの違いを生み出す」と考え理論化しました（**原因帰属理論**）。具体的には，原因が学習者の内部にあるか外部にあるかという「原因の所在」と，その原因が変化しやすいか否かという「安定性」の2つの次

表5.1　成功・失敗の原因帰属の分類

原因の所在＼安定性	安　定	不安定
内　的	能　力	努　力
外　的	課題の難しさ	運

元によって，4つの原因が分類されています。たとえば，能力と努力は，いずれも学習者にとって内的な要因である一方，課題の難しさや運は外的な要因と考えられています。また，能力や課題の難しさは，比較的変化しにくい安定した要因とみなされ，一方で努力や運は，状況によって変化する不安定な要因であるとされます。

　原因帰属理論では，仮にテストで悪い点数をとったときに，その原因を「自分の能力が低かったからだ」と能力に帰属すると，次の学習に対する動機づけは低下することが予測されます。それは，能力が安定的で変化しない要因としてとらえられているため，たとえ次に頑張っても能力はそう容易には向上しないので，勉強しても無駄と感じるためです。一方，「自分の努力が足りなかったからだ」と努力に帰属した場合はどうでしょうか。努力は自分の内部にある不安定で変化可能な要因です。つまり，どれだけ努力するかは自分自身で変化させることができます。そのため，次に頑張れば結果は変わるかもしれないという期待を持つことができ，動機づけは高まると考えられます。

　ただし，努力に帰属しても，失敗が繰り返されるとどうなるでしょうか。「これだけ努力をしたのに成功しないということは，自分にはその課題をやり遂げるための能力が決定的に不足しているのだ」というように，完全な能力帰属に陥る可能性が高くなります。その場合，どう頑張っても成功することはないといった学習性無力感を多くの人は感じて，努力することを止めてしまうでしょう（コラム5.3）。

　他方，成功や失敗の原因を，課題の難しさや運といった外的な要因に帰属した場合，次の学習に対する動機づけにはさほど影響しないと考えられます。学習の結果が運やテストの難易度といった自分には手の届かないところで決まるのであれば，意欲的に取り組んでも取り組まなくてもどちらでも同じと考えるためです。

コラム5.3	能力や努力ではなく「方法」を見直す ——方略帰属の考え方と実践

　教育場面でも，「もう少し頑張ればできたよね。次はもっと頑張ってみよう」などのように，努力に帰属しながら励ますことはよく行われています。しかし，本文でも指摘した通り，失敗の原因を，努力に帰属することを繰り返した場合，決定的な能力帰属に陥る危険性があります。では，教師や指導者はどのようにすればよいのでしょうか。

　その答えの一つになるものとして，「方略帰属」の考え方があります。方略帰属とは，失敗したときに「やり方（方法）がまずかったからだ」と失敗の原因を方法の不適切さに求めることです。方法が良くなかったということであれば，別の方法に変えてみるという対処が考えられます。方法にはいくつかの選択肢がありますので，それらを試してみようという気持ちになるでしょうし，そのうちに成功の糸口をつかめるかもしれません。そういったことから，方略帰属の場合には動機づけを低下させてしまう可能性は低いといえます。

　この方略帰属の考え方を実際の教育場面に適用する試みとして，認知カウンセリング（市川，1993, 1998）があります。認知カウンセリングは，学習者の認知的な問題（つまずき）を解消するために，学習者とカウンセラーが行う個別学習相談活動です。通常の個別指導と異なる特徴として，つまずきの解消だけでなく，つまずきの背後にある学習方法の不適切さにも目を向けて，学習方法をカウンセラーと共に見直すことに力を入れる点が挙げられます。つまずきの原因を，学習者の能力や努力のせいにするのではなく，学習者と一緒に方法に目を向けることは，学習者の動機づけを維持する面からも効果的であるといえるでしょう。

5.2.3　達成目標理論——目標を持つことの効果による説明

　目標を持つことが動機づけを高めるために有効であることは，日常の経験からも容易に理解できます。たとえば，「大学に合格する」という明確な目標を持っている人は，目標が定まっていない人に比べると意欲的に受験勉強

に取り組むことでしょう。大学入試に限らず，何かを達成しようとする場面
において人が持つ目標を**達成目標**と呼びます。

　ドゥエック（Dweck, C. S.）は，学習に対して積極的な取組みを示す学習
者と無力感を持ちやすい学習者の違いを検討し，学習者が設定する達成目標
の種類とその背後にある知能観の影響を受けてそのような違いが生み出され
ることを理論化しました（**達成目標理論**；Dweck, 1986；**表 5.2**）。まず，達
成目標は，習得目標（learning/mastery goal）と遂行目標（performance
goal）の 2 種類に分類されます。**習得目標**とは，「学習内容を理解したい」
「新しい知識を身につけたい」というように，何かをマスター（習得）して
自分の能力を高めることを目指す目標です。一方，**遂行目標**とは，「良い点
数をとって認められたい」「悪い点数をとって負けたくない」というように，
目先のパフォーマンスを良いものあるいは悪くないものにすることを目指す
目標です。

　そして，さらに自分の能力や知能をどのようなものとしてとらえているか
という知能観が，上の 2 つの達成目標のうちどちらの目標を持つかというこ
とに影響を及ぼしていると考えました。つまり，能力や知能は増大するもの
であると考える**拡張的知能観**（incremental theory）を持つ人は，自分の能
力や知能を伸ばす習得目標を設定するのに対して，能力や知能は変わること
がなく固定的なものと考える**実体的知能観**（entity theory）を持つ人は，遂
行目標を設定するということです。そして，実際の学習行動パターンは，目

表 5.2　**達成目標と達成行動**（Dweck, 1986 より作成）

知能観	目標志向性	能力に対する自信	行動パターン
固定的・実体的 ⟶	遂行目標	高い ⟶ 低い ⟶	習得志向的 無力感
増大的・拡張的 ⟶	習得目標	高い ⟶ 低い ⟶	習得志向的 習得志向的

標と能力に対する自信の組合せで決まってくると考えました。たとえば，遂行目標を持っている場合においても，もし能力に対する自信が高ければ，目先のパフォーマンスの向上を目指しつつ，そのために自分の能力を使って知識や技能を習得しようとする行動につながると考えます（習得志向的と呼びます）。一方で，もし能力に対する自信が低ければ，「勉強してもいいパフォーマンス成果は得られそうにないから，やっても無駄だ」というあきらめや無力感を抱くというわけです。

　以上のように，ドゥエックは達成目標と能力に対する自信の組合せから，学習行動を理論的に予測しましたが，以降，多くの研究者が，達成目標と実際の学習行動や学業成績との関連を調べました。その結果，習得目標を持つ生徒ほど，学習内容をただ暗記するのではなく理解することを重視する「認知的に深い処理の学習」を行うことや（Nolen, 1988），学習を自律的・自己調整的に進める力が高い（Wolters et al., 1996）ということが明らかにされています。つまり，習得目標を持つことは，望ましい学習行動に結びつくといえます。

　一方，遂行目標については，明確な結果は得られていません。「何度も繰返し読む」などのように認知的に浅い処理の学習行動（Nolen, 1988）や「他人の答えを写す」「難しい部分はとばす」などの表面的な学習行動との関連（Meece et al., 1988）が示される一方で（レビューとして Ames, 1992），遂行目標の高さが学業成績に結びついていることを報告した研究もみられます（Harackiewicz et al., 1997）。その後，遂行目標について「成功への接近」と「失敗の回避」という新たな軸を設けて達成目標を再概念化することによって，こうした知見の非一貫性に対する説明が試みられています。

5.2.4 自己効力理論――見通しを持つことの効果による説明

　「500 ページの本を読んでレポートを作成し，1 週間後に提出してください。1 日 100 ページずつ読めば 5 日間で読み終わります。後の 2 日間をレポート作成に充てれば 1 週間で完成できます」という指示が先生から出された場合，

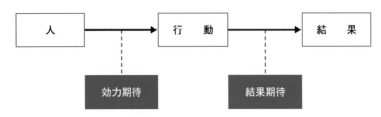

図 5.5　効力期待と結果期待（Bandura, 1977）

すぐにやる気を起こして取りかかれる人はどれくらいいるでしょうか。たしかに，先生の言うように1日100ページずつ読めば1週間でレポートを作成することはできるかもしれない。しかし，自分は1日に100ページも読むなんてとても無理だと思う場合，なかなかやる気が出ないのは当然と思われます。

　バンデューラ（Bandura, 1977）によると，人間は刺激に対する直接的な反応として行動しているのではなく，「刺激の解釈」という認知的活動が行動を制御しているのだと考えられます。上の例では刺激がレポート作成課題であり，その刺激に対して2種類の「期待」の認知が行動に影響を及ぼしています（図5.5）。一つは「こんな行動を起こすと，こういう結果になるだろう」という推測に基づく判断で，**結果期待**と呼ばれます。もう一つは，**効力期待**で，「その結果を得るために必要な行動を自分はうまく実行できるだろう」という確信に基づく判断です。上のレポート課題の例では，1日100ページずつ読むという行動を起こせば，1週間でレポートを作成できるという結果につながるだろうという推測が結果期待です。また，自分は1日100ページずつ読めるだろうという確信が効力期待になります。

　もし，1日100ページずつ読めばいいとわかっていても，自分がそれを実行できるかどうか疑っている，つまり効力期待が持てない場合には，結果期待の情報は行動に影響を与えないわけです。一方，自分は1日100ページずつ読むことができるというように効力期待を持つことができる，つまり効力期待を知覚できれば，困難な場面であっても頑張ることが可能だと考えられ

ています。このような効力期待の知覚を自己効力感と呼びます。自己効力感
とは，一言でいえば，自分がある課題をやれるかどうかの見通しあるいは自
信といっていいでしょう。

　自己効力理論に基づくと，自己効力感を持てることが，学習やスポーツな
どの達成場面においても鍵となるわけですが，そのためにはどうすればよい
のでしょうか。このことについてもバンデューラは考察しています。彼は自
己効力に影響を与えるいくつかの要因を紹介していますが，その中でももっ
とも大きな影響を及ぼすとされるのが「成功経験」です。ある課題が与えら
れたとき，その課題に関連した成功経験があれば，「今度もきっとうまくや
れるだろう」という効力期待を持つことができるでしょう。一方，失敗経験
がある場合，効力期待を持つことはなかなか難しいと考えられます。そのよ
うな場合には，教師や指導者が学習者本人と失敗の原因を探り，成功するた
めの方法を工夫しながら，少しずつ成功経験を積み重ねていくことによって
自己効力感を高めていくことが求められます。

5.3　動機づけを高める教育方法の工夫

　ここまで，動機づけとはどのようなものか，また，動機づけはどのような
仕組みで強まったり弱まったりするのかについて，4つの主要理論を説明し
てきました。これらの理論を学習して，動機づけについてどのようなことを
感じたでしょうか。おそらく，どの理論も互いに関連する部分があると感じ
たのではないかと思います。そのことは，動機づけを高める方法を考えてい
く際のヒントになります。つまり，ある概念が複数の理論で言及されている
ということは，それだけ，その概念が動機づけにおいて重要であることを示
しているといえるでしょう。動機づけの諸理論から導きだされる教育上の工
夫として，ピントリッチ（Pintrich, 2003）を参考に5つの視点からまとめて
みましょう（**表5.3**）。

　まず，1つめは「課題の価値」を伝えることです。期待×価値モデルの説

表 5.3　**動機づけを高める教育方法**（Pintrich, 2003 より作成）

着目する概念	教室での指導・支援
1. 課題の価値	学習課題や学習活動が自分にとって役立つものであることを理解させる。
2. 達成目標	授業の中で習得目標を強調するとともに，習得を促進するような課題設定や評価を行う。
3. 自己効力感	自己効力感や有能さを感じられる課題設定と，正確かつ明確なフィードバックを提供する。
4. 原因帰属	成功や失敗の原因について，努力あるいは方法といった学習プロセスに着目したフィードバックを行う。
5. 内発的動機づけ	刺激的で興味を引き出す課題や学習活動，教材を与える。

明にもあったように，その課題をやる価値や意義が見出せなければやる気は高まりません。したがって，教室での指導や支援では，子どもたちが取り組む課題の価値や意義を十分に伝えて理解させることが重要になってきます。より具体的にいえば，その課題を達成すれば自分がどのように成長できるかをわかりやすく説明するということです。たとえば，小学校の算数の「3 けたの引き算」の授業では，多くの先生が今日の学習内容の説明を冒頭に行うと思います。その際に，「今日勉強する 3 けたの引き算ができるようになると，買い物のおつかいができるようになるね」というように，3 けたの引き算を学習することの価値や意義を話すということです。子どもが学習の価値を理解すれば，一生懸命取り組もうとする気持ちはより高まるでしょう。

　2 つめは「達成目標」を意識させることです。とくに，自分の能力を伸ばすことを目標にする習得目標は，新しい知識を身につけたり，深く理解しようとする学習行動へ向かわせることがわかっています。新しく学ぶ学習内容は，子どもにとって難しく感じることがありますが，自分の力を伸ばすのだという習得目標が，新しく学習することに挑戦しようとする意欲や粘り強く取り組む気持ちを支えるといえます。

　3 つめは「自己効力感」を感じさせることです。どんなにその学習をやることに価値や意義を感じていたとしても，自分がそれをやることができるだ

Progress & Application 心理統計法

山田剛史・川端一光・加藤健太郎 編著　　A5判／256頁　本体2,400円

心理学を学ぶ上で心理統計の知識は欠かせませんが, 実感をもってそれを納得するのは難しいようです。本書では, 心理学研究の具体例を通じて心理統計の手法を知ることで, 学びながらその面白さを実感してもらうことを目指します。また, 社会の激しい変化に対応していく上で必要な批判的思考を身につけるため, 「クリティカル・シンキング問題」を用意しています。見開き形式・2色刷。

読んでわかる社会心理学

辻川典文・阿部晋吾・神原　歩・田端拓哉 共著

A5判／232頁　本体2,400円

社会心理学は, 人間関係, 集団活動, 家族関係, 文化などの中で, 私たちが周囲から様々な影響を受けながら, 何を感じ, どのように行動しているのかを研究する学問です。本書では, 社会心理学の中でも日常生活と関連性の深いトピックを多数紹介し, 私たちの心理や社会的行動について説明していきます。また, 独習する方のため, 読みすすめることで理解できるように配慮されています。

Progress & Application
司法犯罪心理学

越智啓太 著　　　　　　　A5判／264頁　本体2,300円

本書は, わかりやすさで定評のある教科書の改訂版です。研究の進展を反映して記述やデータを差し換え, よりわかりやすくなるよう心がけました。また, 公認心理師のカリキュラムに鑑み, 司法・裁判心理学の章を追加し, 学習の助けとなるよう予習問題を加えました。視覚的な理解にも配慮し, 見開き形式, 2色刷としています。初学者から公認心理師を目指す方まで, おすすめの一冊です。

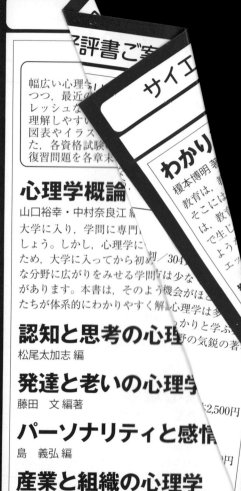

好評書ご案

幅広い心理学し
つつ, 最近の
レッシュな
理解しやすい
図表やイラス
た, 各資格試験
復習問題を各章末

心理学概論

山口裕幸・中村奈良江 編

大学に入り, 学問に専門
しょう。しかし, 心理学に
ため, 大学に入ってから初 A5判／304
な分野に広がりをみせる学問は少な
があります。本書は, そのような機会がほと
たちが体系的にわかりやすく解心理学は多

認知と思考の心理

松尾太加志 編

発達と老いの心理学

藤田　文 編著　　　　　　2,500円

パーソナリティと感情

島　義弘 編　　　　　　　円

産業と組織の心理学

池田　浩 編　　　　　　A5判

ろうという見通しが立たなければ，やる気は起きません。期待×価値モデル
で説明すれば，主観的成功確率が 0 の場合，動機づけは 0 になるということ
です。自己効力感には，過去の成功経験が影響しますので，成功経験を積み
重ねていくことが求められます。その際，いきなり難易度の高いものに取り
組むのではなく，いくつかの達成可能なステップに分割することが鍵になり
ます。そこで，教師や指導者の支援としては，まず学習者の状況を見極めて
達成可能なステップに分割した課題を学習者に提示します。そして，達成状
況のフィードバックを行い，もし学習者が失敗した場合には，学習者を成功
へ導くための的確なアドバイスを与えます。そうした支援によって，学習者
の自己効力感を高めることが可能になるといえます。

　4 つめは，「原因帰属」を促すことです。学習結果の原因をどのように解
釈するかが，次の学習に対する取組みに影響を与えることを，すでに紹介し
ました。たとえば，テストの点数が悪かったときに，「自分は頭が悪いから，
いくら勉強してもダメ」と自分の能力に原因を帰属するケースが，特に中学
生や高校生では多くみられます。もちろん基礎的な能力の個人差はあるわけ
ですが，そういう人について観察してみると，学習の仕方が非効率的なもの
であったり，努力が不足していたりということが，基礎的な能力以上に大き
な影響を及ぼしていると考えられる場合があります。失敗の原因を能力がな
いことに決めつけてしまうのではなく，方法の工夫や，努力の仕方といった
その他の可能性にも目を向けて，客観的に分析できるように，教師や指導者
は援助する必要があります。

　5 つめは，「内発的動機づけ」への働きかけです。賞や罰などの外的報酬
による学習は，報酬がなくなると行われなくなってしまいます。しかし，内
発的に動機づけられている場合には，学習を持続することができますし，学
習内容の深い理解が促進されることがわかっています。実際，義務感からや
っていたりやらされているといった状態での学習は，なかなか身につかなか
ったり，すぐ忘れてしまったりといったことが起こります。しかし，自分か
ら進んで学習したことは，頭の中にすんなり入ってきて，時間がたっても忘

れずによく覚えているものです。そうした内発的な動機づけを引き出すためには，授業をはじめとしたさまざまな場面で知的好奇心や興味を引き出す工夫が求められます。

参 考 図 書

宮本 美沙子・奈須 正裕（編）（1995）. 達成動機の理論と展開——続・達成動機
　　の心理学—— 金子書房

　動機づけに関する専門書です。20 世紀後半の動機づけに関する各理論と動機づ
け研究の変遷を詳細に理解することができます。本書で紹介した，期待×価値モ
デル，原因帰属，自己効力，達成目標のほか，テスト不安や学習性無力感などに
ついても詳しく書かれています。

鹿毛 雅治（2013）. 学習意欲の理論——動機づけの教育心理学—— 金子書房

　学習意欲を動機づけの諸理論と心理学的な背景によって説明した専門書です。
本書で主に取り上げた認知論からのアプローチ以外にも，感情論，欲求論，環境
論といった幅広いアプローチにより動機づけ研究が行われてきたことを知ること
ができます。

シャンク，D. H.・ジマーマン，B. J.（編著）塚野 州一（編訳）（2009）. 自己調
　　整学習と動機づけ 北大路書房

　近年の教育心理学で主要な研究領域となりつつある自己調整学習（self-regulated
learning）理論では，動機づけがその中心的要素の一つとして扱われています。こ
の本では，自己調整学習における動機づけの役割について，実証研究に基づきな
がら詳細な解説を行っています。また，コラム 5.2 で紹介したライアンとデシの
「自己決定理論」についても紹介されています。

キーワード

動機づけ　学習の動機づけ　外発的動機づけ　内発的動機づけ　アンダーマイニ
ング効果　言語的報酬　知的好奇心　熟達への欲求　自己決定・自律性への欲求
学習動機の 2 要因モデル　期待×価値モデル　原因帰属　認知カウンセリング
達成目標　習得目標　遂行目標　拡張的知能観　実体的知能観　結果期待　効力
期待　自己効力理論

メタ認知　第**6**章

　何かをしているときに，ふと自分の行動に自分でツッコミを入れた経験は誰でもあるのではないでしょうか？　たとえば，合唱の練習で，「あれ？自分の歌声って，もしかして周りのみんなとずれてるかも?!」といったような経験です。ツッコミを入れた後は，ずれを修正しようとするのではないでしょうか。このように，自分自身の行動を客観的に把握し，修正・制御する一連の心の働きをメタ認知と呼びます。このメタ認知は学習活動と深く関わっていることがわかっています。また，21世紀に求められる能力の一つである「主体的・自律的に学習する力」とメタ認知を同義と考える研究者もいます。本章では，初めにメタ認知がどのように考えられてきたかについて紹介します。次に，メタ認知と学習がどのように関わっているかを説明します。そして，最後にメタ認知能力を高めるための教育について考えていきます。

6.1　メタ認知と学習

6.1.1　メタ認知とは

　メタ認知をどのように定義するかは，研究者によって異なる部分もありますが，「自分の認知状態を一段上のレベル（メタレベル）から認知すること」という点はおおむね共通しています。多くの認知的作業や行動場面に，メタ認知は関わっています。たとえば，文章を読むという認知的作業を行っているときに，「この文章は意味がわかりにくいなぁ」「このあたりがよくわからない」といったことに気づいたり感じたりすることがあります。これはモニ

タリングと呼ばれるメタ認知の働きの一つで，この働きによって，文章を読んでいる自分自身の状態を客観的に把握しているわけです。そして，こうしたモニタリングの結果を受けて，「もう一度，ここの文を読み直してみよう」と思うことがあります。この実際に読み直そうとする心の働きが，メタ認知のもう一つの働きであるコントロールです。次の文の読みに進まずに，もう一度同じ文を読み直そうと自分の行動を制御するわけです。

　ネルソンとナレンズ（Nelson & Narens, 1994）は，このようなメタ認知の働きを，メタレベルと対象レベルの間での情報のやりとりとしてモデル化しています（図6.1）。このモデルで，文章を読むという認知的作業を行う過程は対象レベルになります。対象レベルは作業の「実行役」と考えることができます。そして，モニタリングは，メタレベルから対象レベルの情報を得ることです。得られた情報をもとにメタレベルから対象レベルに指示・命令（の情報）が出されることがコントロールです。メタレベルは「監視・命令役」であり，実行部隊からの情報を収集し（モニタリング），その情報をもとに判断し次の作業を指示します（コントロール）。文章読解以外にも，問題を解いたり，単語を覚えたりなど多くの学習場面で，私たちはメタ認知を働かせています。また，歌を歌う，ボールを投げる，絵を描くなど多くの場面にメタ認知は幅広く関わっています。

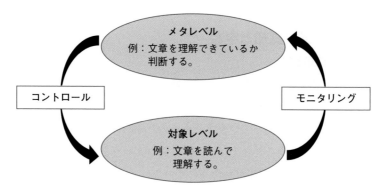

図6.1　メタ認知のモデル（Nelson & Narens, 1994 を改変）

6.1.2 メタ認知的知識とメタ認知的活動

メタ認知を，より広い観点から**メタ認知的知識**と**メタ認知的活動**に分類することがあります（**図6.2**）。上記で説明したモニタリングとコントロールは，メタ認知の活動的側面に焦点を当てたものであり，メタ認知的モニタリング，メタ認知的コントロールと呼ばれることもあります。そして，三宮（2008）はそれぞれの活動をさらに具体的に整理しています。

メタ認知的知識は，「人間の認知特性に関する知識」「課題の性質に関する知識」「方略に関する知識」に分類されます。人間の認知特性に関する知識には，たとえば「自分は，計算は得意だけど文章題は苦手だ」という自分自身の認知特性に関する知識があります。その他，人間一般に関するもの，個人間の比較に関するものもあります。課題の性質に関する知識は，たとえば「繰り下がりのある計算は，繰り下がりのない計算よりも答えを出すために時間がかかる」というように，課題の性質が私たちの認知的処理に及ぼす影響についての知識のことです。方略に関する知識は，どのような方略を使用することが効果的かという知識のことです。たとえば，「繰り下がりのある計算は暗算よりも筆算のほうが間違いなく答えを出せる」というような知識です。

これらのメタ認知的知識を用いながら，私たちはメタ認知的活動を行っています。たとえば，繰り下がりのある計算を暗算で行おうとして，繰り下がりの処理がうまくできていないと感じたとします（モニタリング）。その場

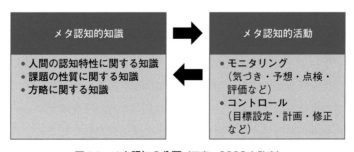

図6.2 メタ認知の分類（三宮，2008を改変）

合，「筆算のほうが確実だ」という方略知識を持っていればそれに基づいて，計算方法を筆算に切り替えて（コントロール），正確な答えを求めることでしょう。一方，メタ認知的活動を行いながら，メタ認知的知識を蓄積していくという方向も考えられます（**コラム 6.1**）。

6.1.3 メタ認知と学習

　メタ認知は，学校の教科学習に対してどのように関連しているのでしょうか。先行研究では，主に，文章読解や，数学的問題解決，科学的思考などとの関連が示されてきました（岡本，2012）。ここでは，小・中学生を対象とした文章読解に関する研究を紹介します。

　文章読解では，「自分がわかっているかどうか」自分の理解状態をモニタリングしながら，「ゆっくり読む」「繰返し読む」など読み方を適切にコントロールすることが求められます。読解能力の高い子どもは低い子どもに比べて，こうしたメタ認知的活動をよく行っていることが明らかにされています。キヌーネンとヴァウラス（Kinnunen & Vauras, 1995）は，意味がわからなくなるように加工した文章を，小学 4 年生に課題文として読ませ，読み行動について観察し分析しています。結果，読解能力の高い子どものほうが，低い子どもよりも読み時間が多くなり，また意味がわからない部分で読み返す行動が多くみられました。読解能力には，文章の内容や文法に関する知識など多様な要因が関わっていますが，メタ認知的活動も関連する要因の一つといえます。

　では，メタ認知的活動を促進すれば，読解能力は向上するのでしょうか。第 3 章で紹介した秋田（1988）の実験授業の研究結果から，メタ認知へ働きかけることによって読解成績は向上することがわかります。この研究では，中学 1 年生を「質問作成群」「解答群」「統制群」の 3 つのグループに分けて，文章読解の授業を行いました。授業後に課題文の理解度を確認するテストを実施した結果，質問作成群が他の群に比べて高い成績になりました。そして，その効果は言語能力が中位や低位の生徒ほど大きいことが示されました。質

コラム6.1 学 習 観

　「英単語を覚えるには繰返し書くことが大事だ」「問題は答えだけでなく解き方を理解することが大事だ」など，学習方略に関して個人が持っている信念を**学習観**と呼びます。一つひとつの信念は，他者から教えられたり経験の中で形成されたりしてきた知識と考えることができます。したがって，学習観は学習方略に関するメタ認知的知識ともいえます。

　市川他（2009）は，認知心理学の観点から効果的な学習方略を重視する学習観を「認知主義的学習観」，そうでないものを「非認知主義的学習観」として，これまで見出されてきた8つの下位尺度を整理しています（**表6.1**）。また，藤村（2012）は数学に対する学習観を，解法を暗記して再生することが重要と考える「暗記・再生型学習観」と，解法を自分なりに考えて理解することが重要と考える「理解・思考型学習観」の大きく2つに整理しています。

　学習観は学習方法と関連することが示されています（鈴木，2013；瀬尾，2007；植木，2002）。たとえば，鈴木（2013）は，小学6年生と中学1年生を対象に，意味理解志向の学習観が高い学習者ほど，学習場面で学習方略をよく使用することを質問紙調査によって明らかにしています。また，認知主義的学習観は教科の成績とも関連することがわかっています（植阪他，2006）。これらの研究から，質の高い学習を重視する認知主義的学習観を持つ学習者ほど，効果的な学習方略を利用して学習を進めて高い学習成果を上げるという，「学習観→学習方略→学習成果」の一連のプロセスが想定できます。このことから，学習成果が上がらない場合には，学習者の用いている学習方略やその背後にある学習観に立ち戻って考えることが重要となります。

表6.1　認知主義的学習観と非認知主義的学習観（市川他，2009）

認知主義的学習観	非認知主義的学習観
思考過程重視志向	結果重視志向
意味理解志向	丸暗記志向
方略活用志向	勉強量重視志向
失敗活用志向	環境重視志向

問作成群は課題文が理解できているか確認する質問を先生になったつもりで
4つ作成することが求められたグループです。そうした質問を作るためには，
まず自分自身が文章をどこまで理解しているか把握すること，つまりモニタ
リングが必要でしょう。もともと言語能力の高い生徒はモニタリングを自発
的に行っていたため質問作成の効果があまりみられなかったのに対し，言語
能力の高くない生徒は，質問作成課題を考えることによってふだん行ってい
なかったモニタリングが促された結果，課題文の理解度が向上したと考えら
れます。この研究により，メタ認知に働きかける教育の重要性がうかがえま
す。

6.2　メタ認知能力の育成と向上

　メタ認知能力を育成し向上させていくためのアプローチは，大きく分ける
と3つあります。それは，①メタ認知的活動のための「手がかり（メタ認知
的方略と認知的方略）」を与える方法，②思考プロセスの外化活動（アウト
プット）によってメタ認知を活性化する方法，③他者との相互作用によって
メタ認知を活性化する方法，です。実際には，これらのアプローチを組み合
わせるケースもよくみられます。

6.2.1　メタ認知的手がかりを与える方法

　これは，モニタリング活動を活性化させるための「キーワード」や「チェ
ックリスト」を，カードやワークシートなどの形式で提示する方法です。中
川他の**モニタリング自己評価法**を取り入れた一連の授業実践研究（中川惠正
研究室・富田，2015）では，小学生を対象に「モニタリングカード」と呼ば
れる問題解決過程を自己モニタリングするための手がかりが子どもたちに示
されました（**図6.3**）。実践授業の基本デザインは，モニタリングカードを
活用した個別学習を行った後，解法を説明したり各自の考えを話し合ったり
する協同学習を実施するという流れです。小学校国語の作文や算数文章題解

```
┌─────────────────────────────────────────────────┐
│           ┌─────────────────────────────┐        │
│           │  パワーアップカード：分数×分数  │        │
│           └─────────────────────────────┘        │
│              6 年　　 組　　 番 (　　　　　　 )     │
│  ①1 dL で 4/5 m² ぬれるペンキがあります。1/3 dL では何 m² ぬれますか。  │
│                                                   │
│  ┌──────┬─────────────────────────┬──────────┐   │
│  │ 順序 │         手続き            │   回答    │   │
│  ├──────┼─────────────────────────┼──────────┤   │
│  │ (1) │ いま知りたいことは何ですか   │          │   │
│  ├──────┼─────────────────────────┼──────────┤   │
│  │ (2) │ いまわかっていることは何ですか│          │   │
│  ├──────┼─────────────────────────┼──────────┤   │
│  │ (3) │「ことばの式」を作ろう        │          │   │
│  ├──────┼─────────────────────────┼──────────┤   │
│  │ (4) │「ことばの式」を「数の式」にしよう│        │   │
│  ├──────┼─────────────────────────┼──────────┤   │
│  │ (5) │「数の式」は「ことばの式」と同じ意味で│はい・いいえ│   │
│  │     │ すか                      │          │   │
│  └──────┴─────────────────────────┴──────────┘   │
└─────────────────────────────────────────────────┘
```

図6.3　モニタリングカードの例（中川惠正研究室・富田，2015 を改変）

決，社会科の学習について，この授業の効果がみられたことが報告されています。

　吉野・鳥貫（2012）は，算数文章題解決の授業で，「問題解決のワークシート」と問題解決に対応したメタ認知的活動を活性化させる「メタ認知シート」を用いて，授業の効果を検討しました。その結果，メタ認知シートを導入した授業を受けた学習者は，メタ認知シートを導入しなかった授業を受けた学習者よりも，メタ認知的活動をよく行って，問題解決得点も高くなったことが確認されました。詳細な分析によって，授業前にメタ認知的活動をあまり行っていなかった学習者がメタ認知的活動をよく行うようになったことも明らかになりました。

　以上の２つの実践研究は，いずれもモニタリング活動の活性化を促す手がかりを教えるという方法によるものでした。小学校の学習のように，学習する内容が比較的易しい場合には，「求めたいものは何ですか」「わかっていることは何ですか」などのような，自分の理解状態をチェックするステップを提示することが，問題解決に必要なプロセスの着実な実行につながり問題解決成績の向上に直接的に結びつく場合が多いと考えられます。

　その一方で，モニタリングの活性化だけでは，必ずしも十分ではないことも明らかにされています。植木（2004）は，高校生を対象とした英文読解について，「自己モニタリングだけを教える群（段落ごとに理解しているか判断する，分からない箇所を明らかにしながら読むなど）」「推論方略だけを教える群（自分の経験や記憶と関連づけながら意味を考える）」「自己モニタリングと推論方略を併せて教える群」を設けて，実践授業を実施しました。授業前1回と授業後3回（1週間後，3カ月後，7カ月後）の読解テストの成績を分析した結果，自己モニタリングと推論方略を併せて教えた群は，1週間後の読解テスト成績は授業前よりも有意に向上し，7カ月経過後においてもその成績がほぼ維持されていました。一方，自己モニタリングだけを教えた群では，授業から1週間後には読解成績が有意に向上するものの，7カ月後の時点では元に戻ってしまうことが示されました。植木（2004）は，モニタリングのようなメタ認知的方略は，推論方略のような認知的方略と組み合わせることによって効果が発揮される可能性を指摘しています。モニタリングは自分の理解状態を把握する作業ですが，学習内容が難しくなるほどモニタリングによって「自分はわかっていないかもしれない」ということは多くなります。そのときに，どのような方法があるか，この場合は「推論する」という方法（認知的方略）を知っていて，組み合わせて使えることが学習を進めて行く上で重要であるといえます。

6.2.2　思考の「外化（アウトプット）」を活用する方法

　自分自身の思考を言葉で表現したり図表に描いたりするなど，外化（アウトプット）することは，メタ認知を活性化させる方法の一つです。外化を活用する方法には，学習内容を自分自身に向かって説明する「**自己説明**」，学習内容について質問を作成する「**質問生成**」，そして，学習内容を振り返り教訓を抽出する「**教訓帰納**」などがあり，それぞれが学習にどのような効果を持つのかが検討されています。

　多鹿他（Tajika et al., 2007）は，小学校の割合文章題の学習で，問題解決

ステップを参照しながら自己説明によって学習する群と，先生の解説によって学習する群を比較しました。学習直後にテストを実施した結果，自己説明群の子どもたちは，先生の解説によって学習する群よりも有意に高い成績を示しました。多鹿らは，子どもの説明の大半は解決ステップの文章を繰り返すことが多いが，自己説明群では，「10 分で水がいっぱいになるから，1 分では 1/10 だ」などのように，わからない部分を自分なりに推論して説明していたことが問題解決成績の向上につながったと指摘しています。このことから，自己説明活動を授業で取り入れる際には，教科書などに書いてある文章を繰り返して述べるだけでなく，自分が十分にわかっていない部分をモニタリングしながら推論による説明を促すことが重要であるといえます。

　深谷（2011）は，科学的概念の学習において，そうしたモニタリングと推論を促す自己説明を実現するために，質問生成と解答の作成を行わせる自己説明訓練の効果を検討しています。この研究では，自由に質問を生成し解答を作成する群（対照群）と，科学的概念の仕組みと機能に着目した質問を生成し解答を作成する訓練を行った群（実験群）を比較しました。訓練後に行った，深い理解が必要なテストにおいて，実験群のほうが対照群よりも成績が高い傾向がみられました。質問生成には，自己の理解状態をモニタリングする働きがあると考えられますが，学習の本質的な内容に焦点を当てた質問生成を行うように働きかけることが学習者の推論を促して学習を深める鍵になるといえます。中学生の歴史の学習においても，史実の背景や因果関係に着目した質問生成と解答作成の学習活動を組み合わせることの効果が示されています（篠ヶ谷，2013）。

　自己説明や質問生成に比べて，現在の教室場面でよく行われていると思われるのが，学習内容の振り返り活動です。授業終了時に「今日の学習のまとめ」や「今日の学習の感想」などをノートやワークシートに書かせる活動が取り入れられるようになってきています。市川（1991，1993）は，認知的な問題を扱う個別学習相談である**「認知カウンセリング」**において，学習者が自立して学んでいくために，学習者自身が学習を振り返り教訓を引き出して

おくことが重要であるとし，それを「教訓帰納」と呼んでいます。教訓帰納では「問題を解くことによって何を学んだか」「なぜ間違えたのか」「どうすればよかったのか」といった教訓を言語化しておくことが望まれます。これはメタ認知の視点からみると，自分の学習状態を事後的にモニタリングして，学習のポイントや間違いの原因を特定し，これからの対策を考える，すなわち自分の学習を調整・コントロールする方法を考えることであり，循環的なメタ認知的活動をねらうものといえます。

　山崎（2001）は，ある問題を学習する際に，学習のポイントを「教訓として自分で抽出するグループ」と「他者から提示されるグループ」を比較し，教訓を自分で抽出するグループのほうが，そのポイントを用いる問題の正答率が高くなる傾向を明らかにしました。他者からポイントを教えられるよりも，自分自身でメタ認知を働かせて教訓を抽出するほうが効果的であることを示唆しています。

　以上，メタ認知を活性化する「自己説明」「質問生成」「教訓帰納」について述べてきましたが，これらの学習活動はすべて言葉を用いるもので「**言語活動**」としてとらえることもできます。これらの言語活動を，授業や家庭学習の中に適切に組み込むことによって，子どもたちのメタ認知能力の育成や向上を図っていくことが期待されます。

6.2.3　他者との相互作用を活用する方法

　メタ認知能力の育成には，他者との相互作用を活用する視点が古くから取り入れられています。すでに説明した通り，思考を外化する言語活動によってメタ認知能力の向上を図ることが望まれますが，言語的な発達段階や思考力の個人差によっては，自分の思考過程をなかなかうまく言語化できない場合も多くあります。そうした場合にも，教師や友だちといった他者との相互作用を活用する方法は有効です。

　パリンサーとブラウン（Palincsar & Brown, 1984）は，**相互教授法**と呼ばれる読解方略の指導プログラムを開発しその効果を示しています。これは，

「要約作成」「質問生成」「意味の明確化」「次の文の予測」という4つの読解方略の獲得を目指すものであり，いずれもメタ認知的活動を含んだ方略といえます。最初はこれらの方略をどのように利用するか，教師がモデルになって示します。その後，子どもたちどうしで先生役と生徒役を交互に経験します。読解の実行役と監視・命令役に自然な形で役割分担することによって，子どもたちはメタ認知の働きを体験します。そして，最終的には子どもたち個人の活動としてのメタ認知が行えるように促していきます。こうした活動を経験することで，たとえば，1人では質問が思うように作れなかった子どもでも，友だちが作った質問に答えたり，生徒役から質問について指摘されて考えたりするうちに，次第に質問を作ってその解答を考えるといったメタ認知的活動ができるようになっていくでしょう。

　植木（2000）は，**相互モデリング**という指導枠組み（**図 6.4**）を開発し，計算が苦手な学習障害児に対する指導を実践し，その効果を明らかにしています。相互モデリングは，学習者が指導者の思考過程を観察する従来のモデリングに加えて，指導者が学習者の間違いパターンをモデリングしてみせる介入手法です。学習者が自分自身では気づきにくい間違いを自覚し，修正を促すことをねらっています。たとえば，対象となった男児は，2000 − 1500といった繰り下がりのある引き算を，「0から5が引けないから自分にはで

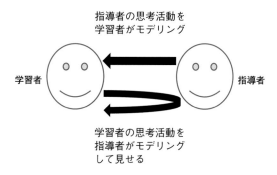

指導者の思考活動を
学習者がモデリング

学習者　　　　　　　　　指導者

学習者の思考活動を
指導者がモデリング
して見せる

図 6.4　**相互モデリングの指導枠組み**（植木，2002を改変）

きない」と思いこんで計算をやめてしまいます。そこで，指導者が類似した
問題（1億円で5円のチョコを買う）で，「0から5引けないから買えない。
だめだ」と男児の思考をモデリングしてみせると，男児は「0からじゃなく
て1億から5引くんだよ。あ，それってボクの間違い」といったように，自
分の誤りに気づきます。相互モデリングによって指導者とのやりとりを積み
重ねていくことで，思考のモニタリングやコントロールの方法などが学習者
自身に内化されることが期待できます。

　以上，メタ認知能力の育成と向上に効果が期待できる代表的な学習活動を
説明してきました。発達的な観点からは，低学年の段階では先生や友だちと
一緒に取り組み，次第に自分一人でも行えるように促していくといった支援
が有効でしょう。また，こうしたアプローチと共に，学習者の理解力に応じ
て，本章で説明したメタ認知の仕組みや機能について，学習者に明示的に説
明するといったことも有効です。

参 考 図 書

三宮 真智子（編著）（2008）．メタ認知——学習能力を支える高次認知機能——
　　北大路書房

　副題にもあるように，学習能力の中核としてのメタ認知について，前半部分で
は学習方略や動機づけとメタ認知の関連や，メタ認知の発達について述べられて
います。後半部分では，文章理解，数学的問題解決といった各学習領域や学習障
害にメタ認知がどのように関わっているかが解説されています。

清水 寛之（編著）（2009）．メタ記憶——記憶のモニタリングとコントロール——
　　北大路書房

　メタ認知研究は，もともと記憶研究において「覚えたことは覚えている」とい
う「メタ記憶」の研究が発端となって発展しました。記憶研究における「メタ記
憶」の理論やモデルが解説されています。また，生涯発達や，社会・文化，教育
実践における応用研究についても紹介されています。メタ記憶やメタ認知が私た
ちの認知的活動といかに深く関わっているかを知ることができます。

キーワード

メタ認知　モニタリング　コントロール　メタ認知的知識　メタ認知的活動　学
習観　モニタリング自己評価法　自己説明　質問生成　教訓帰納　認知カウンセ
リング　言語活動　相互教授法　相互モデリング

自己調整学習　第 **7** 章

　21世紀に入って,「主体的に学習する力」を学校教育において育成することが,ますます重視されるようになってきています。主体的な学習に必要なものとして,真っ先に思い浮かぶのは,学習に対する意欲すなわち「動機づけ」かもしれません。もちろん動機づけも重要ですが,主体的な学習を成立させるためにはその他にも複数の認知的要因が関連していることが指摘されています。たとえば,テストに向けて勉強しようという動機づけはあっても,何をどのように勉強すればよいかわからない,という状態では,効果的に学習に取り組むことは難しいでしょう。主体的に学習を進めるためには動機づけのみでは十分でないことがわかります。

　学習を主体的に進めていくことを,教育心理学では「学習の自己調整 (self-regulation of learning)」あるいは「**自己調整学習** (self-regulated learning)」と呼びます。本章では,自己調整学習がどのようなプロセスとしてとらえられるか,そのプロセスにどのような認知的要因が影響を与えているかについて学びます。そして,主体的に学習する力をどのように育て,支援していけばよいかについて考えていきます。

7.1 学習の自己調整

7.1.1 自己調整学習とは

　「主体的に学ぶ」「能動的に学ぶ」ことを,教育心理学では学習を自ら調整して進める,すなわち「**自己調整学習** (self-regulated learning)」と呼びま

す。自己調整という言葉には，学習を自分以外の他者から制御・強制された
ものとしてではなく，自分自身で調整・コントロールして進めていくという
意味が含まれているようです。いくつかの定義およびモデルが欧米の研究者
を中心に提示されていますが，もっとも代表的なものがジマーマンらの定義
です。彼らは，自己調整学習を「学習者が，目標の達成に向けて自らの認知，
情動，行動を体系的に方向づけて生起させ維持する過程のこと」と定義して
います（Zimmerman & Schunk, 2011）。言い換えると，自己調整学習とは，
目標を達成するために，自分自身の学習の状況を適切に把握し，動機づけや
感情を自分でコントロールしながら，学習に対して具体的な行動を起こしそ
れを継続していくことといえます。自己調整学習には，第6章で説明した
「メタ認知」と，第5章で説明した「動機づけ」，そして，効果的に学習を行
うための方法である「学習方略」が深く関わっています（学習方略について
は7.2節で説明します）。

7.1.2　**自己調整学習のサイクルモデル**

　自己調整学習の具体的なプロセスを，ジマーマンらは3つの段階から構成
されるサイクルとしてモデル化しています（図7.1）。まず，学習前の段階
を「予見」段階と呼び，ここでは，主に「達成すべき課題の分析」と，「自

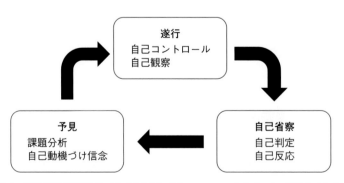

図7.1　**自己調整学習のサイクルモデル**（Zimmerman & Schunk, 2011 より作成）

己を課題へ動機づける」ことが行われます。具体的には，課題に対する目標を設定し，どのように進めていくか計画が立てられます。また，それをうまくやり遂げられるかといった見通しや，課題に対する価値などを考え，学習に対する動機づけを高めていきます。

　次に，学習が開始されて実際に行われている最中の段階を「遂行」段階と呼びます。ここでは，学習を持続して効果的に進めるための多様な行動が「自己コントロール」として展開されます。具体的には，課題に固有のやり方や，課題に共通して使えるものをイメージ化することであったり，また，時間の管理や環境を整えたりといった活動も含まれます。さらに，わからないことがあったときに他者に質問したり，学習への集中が途切れそうになったときに持続するための工夫等も行われます。一方で，そうした活動がうまくいっているか，「自己観察」としてメタ認知的モニタリングも行われます。遂行段階の後は「自己省察」段階です。これはいわゆる，振り返りの段階です。学習のプロセスと結果を自己評価したり，その原因を探ったりして，自己の学習に対する判定が下されます（自己判定）。また，結果に対して満足したり，あるいは納得できなかったりといった情動的な反応が生じます（自己反応）。これらの自己省察の結果は，また次の予見段階へと反映されて新たな目標設定や行動計画へとつながっていきます。学習を自己調整的に進めることができる学習者とは，自分の認知や情動をうまくコントロールしながら，3つの段階を循環的に進行させることができる学習者であるといえます（コラム7.1）。

7.2　学習方略

　学習方略とは，「学習の効果を高めることをめざして意図的に行なう心的操作，あるいは活動」（辰野，1997）とされます。日常的な表現では，「学習の仕方」や「学習方法」になりますが，研究の文脈では，「学習の効果を高めるために戦略的・意図的に用いる方法」という意味をより強調し「方略」

コラム 7.1　　自己調整学習理論における「自立」

　学習を自己調整するといった場合に，自己調整という言葉は，もしかすると「自分一人の力だけで」「誰かの助けは借りずに」というような意味としてとらえられることがあるかもしれません。しかし，自己調整学習理論は，友だちや先生あるいは親など他者との関わり，すなわち社会的相互作用を積極的に活用することが重要であるという立場をとっています。

　たとえば，ニューマンは「自己調整において重要なことは，他者の力を借りるべきときを知っていて，自らの意思で他者の助けを求めることである」(Newman, 2007) と述べています。もし自分の力だけでは乗り越えられないつまずきに直面した際に，そのつまずきを放置してしまえば，解消されずに学習は中断してしまいます。しかし，友だちや先生に自分から積極的に質問するという行動を起こすことにより，つまずきが解消される可能性は高まります。こうした学習のつまずき場面において，他者に助けを求める行動は**学業的援助要請**と呼ばれます。自らの学習の状態を十分に把握して，つまずきの解消という目標に向かって質問しようという意欲を持ち実行に移していく，まさに自己調整的な学習行動の一つといえます。

　わが国においても，いわゆる「自ら学び自ら考える力」を育てること，すなわち自立した学習者の育成は，学校教育の重要な目標として掲げられ続けています。自己調整学習理論の考え方と同様に，「自立した学習者」とは，他者に頼らず自分一人の力だけで頑張る学習者ということではなく，必要なときには自ら進んで助けを求めたり，仲間と協力しあって，自らの学習を進めていくことができる学習者を指していると思われます。

　一方で，学業的援助要請に関する研究では，自分で十分に考えたり調べたりしないまま質問したり援助を求める**依存的援助要請**の問題も指摘されています (瀬尾, 2007)。依存的な援助要請はできる限り減らし，必要なときに必要な援助を適切に求める**自律的援助要請**へと導いていくことが，自立した学習者を育成するために重要な視点の一つといえます。

という用語を用いています。

7.2.1 学習方略の種類

　学習方略は大きく3つのグループに分類されます。それは,「認知的方略」
「メタ認知的方略」「リソース活用方略」です。それぞれについて以下で具体
的に説明していきましょう。

　認知的方略とは,学習内容を記憶したり理解したりといった認知的な処理
に際して用いられる方略のことです。認知的方略は,「浅い処理」の方略と
「深い処理」の方略に分類されます。マートンとセルジェ(Marton & Säljö,
1976)によって,大学生を対象にしたインタビュー調査から,この2種類の
方略が整理されました。浅い処理の方略は,何度も繰返し読んだり,書いた
りといった単純な反復処理を中心とした方略です。一方,深い処理の方略は,
学習内容を既有知識と関連づけて意味を理解することを中心とした方略です。
第2章で説明した処理水準説の言葉で言い換えると,浅い処理の方略は形態
や音韻レベルの処理,深い処理の方略は意味レベルの処理をする方略で,
「精緻化」「体制化」が深い処理の方略といえます。第2章で説明したように,
精緻化は,学習内容と関連する内容を結びつけ情報を豊かにすることによっ
て,学習内容の記憶を促進する方法です。付加する情報は,年号の語呂合わ
せのような単純なものから,イメージやエピソード,さらには物事の理由や
根拠といった学習内容の本質に迫るものまで多様な水準が考えられます。体
制化は,物事を同じ特徴を持つグループに分類したり,関係性によって階層
化したりなどの処理を行うことです。

　メタ認知的方略とは,第6章で紹介したメタ認知を自ら働かせる方略です。
具体的には「自分がどれくらいわかっているか確認してみる」といった学習
のモニタリングや,モニタリング結果に応じて「学習のやり方を調整する」
といった学習のコントロールを意識的に行う方略です。7.1節でみたように,
自己調整学習のサイクルモデルにおいても,メタ認知的活動の働きが,サイ
クルの進行に深く関わっていることがわかります。メタ認知は,第6章でみ

たように，文章読解や問題解決といった比較的短期のレベルで関連すると共に，中間試験や期末試験に向けた学習を，どのように進めていくかといったより長期的なレベルでも関わってきます。

　リソース活用方略とは，学習に活用できる「資源（リソース）」を効果的に活用する方略のことです。たとえば，一人で学習していると学習内容がよく理解できないといったことが起こります。そうした際に，友だちに尋ねたり，教科書や参考書を調べたりすることがあります。この場合，友だちという人的資源や，教科書や参考書という物理的資源を活用して学習を進めているわけです（**コラム 7.2**）。学習者の外部にある資源と共に，努力や注意を集中させるといった内部資源の活用もリソース活用方略に含まれます。

　ここまで学習方略の種類や具体的な方略についてみてきました。では，こうした学習方略を，学習者は実際の学習場面においてうまく使いこなしているのでしょうか。残念ながら，現状ではそうした学習者は少数と言わざるを得ないでしょう。中高生の学習の悩みに関する調査では，7 割近くの中高生が「上手な勉強の仕方がわからない」と回答していることが報告されています（ベネッセ教育総合研究所，2015）。

7.2.2　学習方略の習熟

　それでは，学習方略はどのように習得され熟達していくのでしょうか。そのプロセスを考える際に，幼児の記憶方略の自発的使用に関する一連の研究が参考になります。幼児が記憶方略の自発的な利用に至るには，媒介欠如（mediation deficiency），産出欠如（production deficiency），利用欠如（utilization deficiency）の段階があると考えられています（金城・清水，2009）。**媒介欠如**は，記憶方略をまったく使用できない段階で，**産出欠如**は，自発的には使用できなくても使うように促すと記憶方略を使用できる段階です。

　産出欠如は，学習方略においてもみられます。伊藤（2009）は，小学校高学年児童に，やる気になれないときにやる気を高める工夫として「**自己動機づけ方略**（目標を設定する，宿題をゲーム化する，終わった後を想像する）」

コラム 7.2　　自律的援助要請を促すためには

　学業的援助要請には，学習行動として適切か適切でないかの二面性があることが指摘されています（瀬尾，2007，2008）。たとえば，「わからなかった問題について，友だちの答えを聞いて自分のノートに書き写す」ことは，援助を要請していますが，適切な学習行動であるとはいえません。これは自らのつまずきの解決を他者に委ねているため，**依存的援助要請**と呼ばれます。一方，「わからなかったことを明確にして，考え方や解き方を理解するために教えてもらう」ことは，自分の学習を前進させることにつながる適切な学習行動といえます。これはつまずきの解決に主体的に取り組んでいることから，**自律的援助要請**と呼ばれます。

　生徒たちの依存的援助要請を減らし自律的援助要請を促すことが求められますが，そのためにはどうすればよいのでしょうか。瀬尾（2007）は，中高生を対象とした調査を行い，生徒の持つ学習観と，つまずきを明確化するメタ認知的方略の使用が援助要請の質に影響する可能性を報告しています。具体的に，学習において失敗を活用することが重要と考える学習観を持つ生徒ほど自律的援助要請を行っており，とくに中学生では，そうした生徒ほどつまずきを明確化する方略をよく使用していることが示されました。一方，結果の正誤が重要と考える学習観を持つ生徒ほど依存的援助要請を行う傾向があり，そうした生徒はつまずきを明確化する方略をあまり使用しないことが示されました。自律的援助要請を促すためには，つまずきの価値を認め活用する学習観を形成していくことと，つまずきを明確にするメタ認知活動を促していくことが重要と考えられます。

　その他，援助者の援助スタイルを見直す必要性も指摘されています。瀬尾（2008）は，つまずきの解消を教師が主体になって考え生徒に教えるタイプの**教師主導型援助**が，生徒の依存的援助要請と関連していることを明らかにしています。生徒から質問を受けたときに，生徒のつまずきを分析して熱心に教えることは教師の役割として大切です。しかし，その一方で生徒が自分のつまずきを主体的に考えられるように，どのように考えたか尋ねたり，つまずきの原因を考えさせるといった，対話的なやりとりによる援助を行っていくことが望まれます。

を紹介し，宿題場面で用いるよう促しました。これらの方略について，約 9
割の児童が普段は自発的に使用していないと回答しました。しかし，方略の
指導後には約 8 割の児童が使用したという結果を得ました。紹介された自己
動機づけ方略は，熟達した学習者からみればいずれも初歩的な方略といえま
す。しかし，学習すべき量が増え，学習意欲が低下しがちな高学年児童でも，
こうした自己動機づけ方略は自発的には使用されていないという産出欠如の
実態から，方略に関する知識を教授し積極的に働きかけていくことには大き
な意義があるといえます。

　産出欠如を脱して，記憶方略を自発的に利用するようになったとしても，
それが学習成果に結びつかない段階，すなわち**利用欠如**の段階があることが
指摘されています（**Miller, 1994**）。産出欠如と同様に，学習方略においても
利用欠如の段階がみられます。たとえば，算数の文章題解決において，実際
に図を描いて考えようとしたけれど，答えをうまく出せないという場面はよ
くみられます。これは図表方略を使っているけれどうまく使いこなせていな
い，利用欠如の段階といえるでしょう。この場合，描いた図が問題解決につ
ながるような図（関係図）になっていないことが考えられます。図表方略を
学習者自身が自分で使いこなせるようになるためには，どのような場面にお
いて，どのような図が答えを導くために有効か考えたり（**条件知識**と呼ばれ
ます），図の描き方（**手続き的スキル**）を練習したりすることが必要です。
また，そもそも示された図の見方自体がわかっていないという場合もあるで
しょう。そのため，図の見方や活用の仕方にも着目した指導が求められます。

7.2.3　学習方略の使用に関する影響要因

　学習方略の習熟プロセスに関する知見から，学習方略の使用には，学習方
略自体の知識，すなわち**方略知識**を持っているかどうかということや，どの
ような条件のもとでその学習方略が有効であるかに関する条件知識，そして，
学習方略を使いこなすための手続き的スキルが関わっているといえます。

　また，これらの要因以外として，学習方略に対する**有効性の認知**や**コスト**

感も，学習方略の使用に影響を与えることが指摘されています（市川，1993）。たとえば，植阪（2010）では，教訓帰納（第6章を参照）を教えられた中学生が，数学の学習場面で使用しているうちにその有効性を強く実感するようになり，やがて理科など他教科でも使用する様子が報告されています。この中学生は「かいがある」という言葉で，方略の有効性を表現していますが，学習方略を身につけていくためには，有効性を感じる経験が必要ということがわかります。

　一方，ある学習方略が学習に効果的だとわかっていても，それを「自分で取り組むのは大変だ」と感じることもあり，これをコスト感と呼びます。たとえば，数学に出てくる公式はその意味を理解して覚えることが，後の問題解決場面でその公式を活用する際に有効です。しかし，意味の理解よりも丸暗記で覚えようとする学習者も少なからずいます。こうした学習者は，「公式の意味を理解することは大変だ，面倒な作業だ」など，コスト感を感じている可能性があります。

7.3　自己調整学習の支援

　ここまで述べてきた自己調整学習のプロセスと関連要因に関する研究知見から，主体的に学ぶ学習者，自己調整学習ができる学習者を育てていくためには，「メタ認知能力の育成と向上」「学習方略の教授」「動機づけのマネジメント支援」の3点を押さえた支援が重要であるといえます。以下では，集団授業場面と個別指導場面について，自己調整学習の支援をどのように行うことができるか考えていきます。なお，「動機づけのマネジメント支援」については，前節で紹介した伊藤（2009）の実践研究例が参考になります。また，「メタ認知能力の育成と向上」をどのように進めるかについては，第6章でも詳しく紹介しています。

7.3.1　**集団授業場面における取組み**

　集団授業場面における取組みでは，大きく 2 つのアプローチが考えられます。一つは，各教科の授業自体を，「学習者にとっての自己調整学習」として取り組めるように構成することです。「導入，展開，まとめ」といった授業の流れを，自己調整学習の「予見（学習の見通しを持ち目標を設定する），遂行（学習に取り組む），自己省察（学習を振り返り自己評価する）」と対応させて進めます。授業の中で，自己調整学習の一連のプロセスを経験し，必要に応じて仲間や教師からの支援も受けながら経験を重ねることで，次第に自己調整のサイクルを習得していくことが期待できます。とくに学習者にとっての予見段階と自己省察段階におけるメタ認知的活動は，自己調整のサイクルを明確に意識する意味において重要になります。短時間でも必ず，授業の始めの段階で「学習者自身が目標を立て授業の流れに見通しを持つ活動」と，終わりの段階で「学習を振り返り自己評価する活動」を取り入れることが求められます。市川（たとえば2004，2017）が提案している「**教えて考えさせる授業**」は，こうしたメタ認知を促す活動を取り入れた授業設計であり，教科授業を通して学習の自己調整能力を育成する取組みといえます（「教えて考えさせる授業」については，第 9 章で詳しく説明します）。

　もう一つは，「学習方略の教授と練習の機会を設ける」アプローチです。瀬尾は，共同研究者と共に，中学生集団を対象として学習方略について学ぶ「**学習法講座**」のプログラムを開発し，その効果を検証する研究を行ってきました（瀬尾・石﨑，2014；瀬尾他，2013；Seo et al., 2017；瀬尾，2019）。学習法講座で取り上げた学習方略の一つである「教訓帰納」は，第 6 章でも説明したように，「その問題を解くことによって何を学んだか」を言語化しておくことです。「自分がミスしやすいこと」「誤解していたこと」「その問題のポイント」などを考え教訓として自分の言葉でまとめることで，新たな問題や類似した問題に対して積極的に活用することが期待されます。学習内容を深く理解し，学力を高めるためには重要な方略の一つですが，自分の思考過程を振り返り，言葉でまとめる作業は簡単ではない場合が多く，コスト

感を感じたり，教訓の質が必ずしも高くない（「もっと努力すべきだった」「何回も繰り返すことが大切だ」など）といった問題が指摘されてきました。

　研究協力が得られた中学校では，1年生の頃から数学の授業で「教訓帰納」が大切であることを説明し，授業の中でも教訓帰納を行う時間を設定する働きかけを行っていました。しかし，2年生の4月に行った学習法講座実施前の調査では，この方略を自発的に用いている生徒はごく少数でした。そこで，教訓帰納に関する学習法講座を実施しました。まず，「教訓帰納」の有効性を体験するデモ実験を行いました。そして，教訓帰納を行っておくと次に同じ問題が出たときに解けたり，類似問題に応用できる可能性が高まるといった（心理学では「転移」と呼ばれます）理論的な説明を行いました。次に，「教訓帰納」を実際の学習場面で行う練習をし，自分のふだんの学習にも取り入れてみることを促しました。その結果，約1.5カ月後の調査において7割近くの生徒が教訓帰納を自発的に用いるようになったことが示されました（瀬尾，2019）。

　第2章のコラム2.2では「記憶の精緻化」を扱った学習法講座の効果をすでに紹介していますが，「教訓帰納」も「記憶の精緻化」も，その有効性を知らない学習者にとっては，手間がかかり面倒な学習方法ととらえられがちです。そうした学習方略のコスト感を払しょくし，自発的な使用に結びつけていく方策の一つとして，学習法講座の取組みは有効といえます（コラム7.3）。

7.3.2 個別学習相談を通じた支援

　自立して自己調整的に学ぶことができる学習者を育てるための個別学習支援活動の代表例として「認知カウンセリング」（市川，1989）が挙げられます。一般のカウンセリングが心理的な悩みを対象にしているのに対して，認知カウンセリングでは認知的な悩みを対象にしています。具体的には，「英単語がうまく覚えられない」「問題の解き方がわからない」「そもそも勉強する気が起きない」「やってはいるが成績が上がらない」などといった悩みで

コラム 7.3　　学習法講座の基本デザイン

　学習法講座は，「学習方略を教える」部分と，「学習場面での適用練習」部分の 2 つのパートによって構成されます（表 7.1）。

　前半部分では，学習方略を教えて効果的であることを，認知心理学のデモ体験を通して実感し，その理由を理解させることを目的としています。単に方略を教えるだけでは，コスト感を払しょくするほどの有効性を感じるには至らないことが多いため，方略を使わずに学習に取り組む場合（事前テスト）と，方略を使って学習に取り組んだ場合（事後テスト）の自分の得点を比較させるといった工夫を盛り込んでいます。

　また，なぜその方略が効果をもたらすのか，理由や人間の情報処理の仕組みといった背景となる理論について簡潔に説明します。体験したことを言葉によって理解することで，学んだ学習方略が今後の学習場面でも活用可能な知識として習得されることをねらっています。

　後半部分では，実際の教科の学習の内容を用いて，学んだ学習方略を実際にどのように活用できるかを具体的に教えます。前半のデモ実験で扱う題材は，教科学習とは直接的に関連していないためです。生徒自らの学習場面においても，学んだ学習方略を活用できそうだという見通しを持たせることをねらいとしています。

表 7.1　学習法講座の基本デザイン（瀬尾，2019）

段階		内容	ねらいと留意点
教える	導入	学習方法の見直し	勉強に関する悩みと対応させて，学習法講座の目的を伝える。
		講座の目的	
	デモ体験	事前テスト	方略を学ぶ前後の比較を通じて，その有効性を実感させる。
		方略教授	
		事後テスト	なぜ，その方略が有効なのか，背景となる理論を簡潔に説明する。
		解説	
練習させる	方略練習	事前テスト	教科の内容を用いて，教師から具体例を示し活用方法を教える。
		教科学習での練習	各自あるいはペア，小グループで練習する。
		事後テスト	事前・事後テストによって教科の学習でも方略が有効であることを実感させる。
まとめ		振り返り	方略の有効性を振り返り，今後の活用について考えさせる。

す。こうした悩みに対する支援は，塾や家庭教師だけでなく，近年では学校における土曜や放課後を活用した個別学習相談の場面でも取り組まれています。ただ，多くの場合，目の前にあるつまずきの解消が最終ゴールになっているように思われます。

　一方，認知カウンセリングでは，つまずきを生み出していると考えられる認知的な原因にまでさかのぼってアプローチする点が特徴的です。とくに注目するのは，学習方略や学習観です。つまずきの背景にあるこれらの要因について，学習者自らが気づくように促し，適切な方略使用の練習をカウンセラーと共に行うことで，最終的には自分で自立的・自己調整的に学習していくことができる力を養うことが認知カウンセリングの目標です。

　認知カウンセリングでは，「自己診断」「診断的質問」「図式的説明」「比喩的説明」「仮想的教示」「教訓帰納」といった6つの代表的な技法を用いて，カウンセラーと学習者が対話的に学習相談を進めていきます（市川，1993；1998）。これらは，カウンセリングの技法であると共に，学習者にとっては学習方略でもあり，カウンセラーとの1対1の対話を通して，学習者自身の内部へ内化されていくことをねらっています。前節で紹介した植阪（2010）では，認知カウンセリングによって，中学2年生の女子が教訓帰納を習得し，最終的には指導していない他の分野にも自発的に利用するようになったことが報告されています。市川（1993，1998）でも，認知カウンセリングの具体的な実践例が紹介されています。個別学習相談を通じた支援は，学習者個人の状況に応じて学習方略や学習観の問題に深くアプローチできることが利点といえます。

参 考 図 書

自己調整学習研究会（編）（2012）．自己調整学習——理論と実践の新たな展開へ ── 北大路書房

　本書は，日本の研究者たちが，自己調整学習の理論研究および実践研究について体系的にまとめた専門書です。第 1 部の理論的な説明はやや難しい部分もありますが，自己調整学習理論がこれまでの認知発達，学習方略，動機づけといったそれぞれの分野の研究を含みこんだ，より大きな枠組みを提供する理論であることが読みとれると思います。第 2 部は，自己調整学習の具体的な教育実践を考えることができる研究知見が数多く紹介されています。

自己調整学習研究会（監修）岡田 涼・中谷 素之・伊藤 崇達・塚野 州一（編著）（2016）．自ら学び自ら考える子どもを育てる教育の方法と技術　北大路書房

　本書は，自己調整学習理論の視点から，「自ら学ぶ学習者を育てる」ための授業づくりや教育実践について，現職の先生や教職を目指す学生向けに書かれたものです。具体的な指導技術とその背景にある理論的根拠や実証的根拠がバランスよく説明されています。また，ICT を活用した指導や特別支援教育など，これからさらに重要性を増す分野についてもカバーされています。

キーワード

学習の自己調整　自己調整学習　学習方略　学業的援助要請　依存的援助要請　自律的援助要請　認知的方略　メタ認知的方略　リソース活用方略　媒介欠如　産出欠如　自己動機づけ方略　教師主導型援助　利用欠如　条件知識　手続き的スキル　方略知識　有効性の認知　コスト感　教えて考えさせる授業　学習法講座　認知カウンセリング

協同による学習　第**8**章

　多くの人が授業中にペアやグループで話し合ったり，課題に取り組んだりしたことがあるのではないかと思います。仲間との対話や協同による学習は，学校教育の中でこれまでも取り組まれてきましたが，今後，より一層多くの場面で実践されることが期待されています。その背景には，他者との対話的な学習が，深い理解を促す効果を持つことへの期待があります。また，現代の社会においては，人々が協力して解決する必要のある課題がますます増え，その土台となるコミュニケーション力，コラボレーション力を育成することが教育の重要な役割の一つであるという認識が世界的に広がってきていることも指摘されます。本章では，まず，協同による学習がどのような仕組みで学習効果を生むかについて説明します。次に，協同に影響を与える個人内要因についてみていきます。そして，協同による学習を効果的に授業に取り入れるポイントについて考えます。

　なお，近年「協働」といった表記もみられるようになってきていますが，本章ではこれまで学術的にも社会的にもより一般的に使われてきている「協同」を用いることとします。

8.1　学習効果を生む仕組み

　そもそも，仲間と協同して学ぶことには，どのような学習効果があるのでしょうか。ここでは，1. 仲間の考えを聴くこと，2. 仲間に説明すること，3. 仲間の行動を見ること，の3つに分けて具体的にみてみましょう。

1. 仲間の考えを聴くことの効果

　仲間の考えを聴くことによって，自分と異なる考え方を知ったり，自分の考え方を相対化してとらえたりすることができます。そして，それぞれの根拠や理由について考えることが，思考を深め理解を促進します。

　高垣他（2008）は，小学校理科の「気体が溶けている水溶液」について学ぶ授業で，グループで実験を行って実験結果について話し合う学習活動が，子どもたちの科学的概念の獲得につながったことを明らかにしています。子どもたちはこれまでの経験や学習から「アンモニア水には固体が溶けているため，水を蒸発させると何らかの物質が出てくるはずだ」と予想します。そして，アンモニア水を加熱し水を蒸発させますが，何も出てこない状況を経験します。すると，児童 A が「アンモニア水には何も入っていないのではないか」という考えを出しますが，他のメンバー（児童 C と D）から「アンモニア水はただの水ではない」「何も入っていないわけはない」と反論されます。その後，実験ノートをもとにグループでさらに討論を行っていく中で，児童 C が「水を蒸発させても何も残らなかったことは溶けているものが固体ではない」ことを述べます。その発言を受けて，児童 A は気体が溶けている可能性を指摘します。

　児童 A に着目すると，アンモニア水には何も入っていないという考えから，固体ではない何かが入っているのかもしれない，固体以外の物質である気体ではないか，といった具合に，自らの思考による最初の仮説が，他者の考えを知ってこれまでの知識（物質には固体以外に液体もある）を結びつけることにより，次第に科学的に正しい考え方に変化していった様子がうかがえます。

2. 仲間に説明することの効果

　学んだり考えたりした内容を仲間に説明することによって，理解がさらに促されたり思考が整理されたりすることがあります。協同学習研究とはやや文脈が異なりますが，個別指導場面で教える側と教わる側のやりとりを分析した**ピア・チュータリング**（peer-tutoring）研究において，教わる側の理解

が促進されるだけでなく，教える側（教え手）にも内容知識の理解が促進されることが確認されています。この教えることによる学習効果は「教え手効果」（Roscoe & Chi, 2007）と呼ばれています。

こうした効果が生じる理由の一つに，聞き手からのフィードバックによって知識を再構成するような活動が行われることが指摘できます。伊藤・垣花（2009）は，大学生を2人1組にして先生役と生徒役を決め，先生役が目の前に対面している生徒役に向けて統計学の内容を説明する「対面群」と，先生役がビデオに向かって説明を行う「ビデオ群」を設けてそれぞれの説明内容を分析しました。その結果，対面群では生徒役のうなずきがない，教師役の確認に対して「はい」「いいえ」の反応が遅れるなど，生徒役の反応が否定的な場合に，式や手続きの意味を付け加えるような再説明が行われていたことが示されました。

ここまで仲間との直接のやりとり，すなわち，仲間の考えを聴いたり，自分の考えを説明したりすることの効果をみてきましたが，それらの効果は，仲間とのやりとりにより，自分の持っている既有知識や情報の関連づけを積極的に行うことで生み出されているといえます。

3. 仲間の行動を見ることの効果

仲間の話を聴く，仲間に説明するといった，仲間との直接的なやりとりだけでなく，仲間の行動を見ることによっても私たちは学んでいます。たとえば，仲間が課題に取り組む様子を見て，お手本にしながら自分でも取り組んでみることがあります。これは「**観察学習**」や「**モデリング**」と呼ばれます。

シャンクとハンソン（Schunk & Hanson, 1985）は，小学生の計算スキルの学習場面において，この効果を確認しました。具体的には，別の小学生（モデル）が計算問題を解いている様子を見たグループのほうが，そうしたモデルを見なかったグループよりも学習後の成績が向上しました。また，どのようなタイプのモデルがより効果的かについて，教師がモデルになる場合との比較が行われました。結果は，小学生モデルを見たグループのほうが教師モデルを見たグループよりも成績が向上しました。同時に，計算遂行に対

する自己効力感も高まったことが示されました。自分と類似度の高いモデル
が課題に取り組む様子を見ることは，解き方について知るだけでなく，自分
にもできそうだという見通し（期待）すなわち自己効力感をもたらし，意欲
を高める効果もあるといえます。

8.2 協同学習に影響を与える個人要因

　前節では，仲間との協同による学習の効果についてみましたが，グループ
を組んで学習に取り組めば，必ずしも自然にこうした効果が得られるという
わけではありません。実際，教室場面のグループ学習では，協同による学習
がうまく機能しているグループがみられる一方で，メンバーどうしのやりと
りがほとんど行われていなかったり，一見すると活発にみえるものの必ずし
も学習の質が高くなかったりなど，うまく機能しているとは言い難いグルー
プもみかけます。こうした状態は，協同学習において扱う学習課題の性質，
授業構成，協同の形態といった環境要因と，学習者自身の個人要因すなわち，
協同学習に取り組む態度や認識，協同学習に必要な方略使用などが複雑に影
響しあって生み出されていると考えられます。本節では，主に個人要因につ
いてみていき，次節で環境要因について取り上げます。

8.2.1　協同への参加態度

　仲間との協同においてどのような態度で取り組むか，つまり協同への参加
態度には多様な個人差がみられます。たとえば，グループの人数が増えると，
1人で作業する場合に比べてメンバーによっては作業の量や質を低めること
があります。集団内での人の振る舞いに関する社会心理学的な研究では，こ
うした行為を「**社会的手抜き**」と呼びます。社会的手抜きを行う依存的なメ
ンバーは，当然グループへの貢献度も低くなりますが，グループの発表や成
果物等で評価が行われる場合には，貢献度の高いメンバーと同等の評価を得
ます。こうしたメンバーは「**フリーライダー**（ただ乗り）」と呼ばれ，他の

メンバーのグループ活動に対する動機づけ（やる気）を低下させる存在となります。また，仲間の発言を無視したり，拒否したり，さらに侮辱するといったネガティブな態度も同様の影響を与えます。

瀬尾（2017）は，協同による学習が効果的に機能するために必要な学習者の参加態度について，先行研究の知見と学校教員の意見を参考に中学生用の測定尺度を開発し調査を行っています。分析の結果，主に5つの参加態度が見出されています。

「主体的主張」……自分の意見を積極的に述べようとする態度。

「論理的主張」……自分の考えを論理的に述べようとする態度。

「主体的傾聴」……他者の意見を尊重ししっかり聴く態度。

「批判的思考」……他者の意見をうのみにせず批判的に検討する態度。

「議論の調整・統合」……不明な点を質問し，意見を整理する態度。

教室場面で協同による学習を成立させ有効に機能させるためには，学習者一人ひとりがこうした主体的に参加関与する態度を形成できるよう支援していくことが望まれます。

8.2.2 協同に対する認識（信念）

仲間との協同に対して，みなさんはどのようなイメージを持っているでしょうか。「一緒に取り組むと作業が進む」というように肯定的にとらえる人もいれば，「1人で取り組んだほうがじっくりできる」とややネガティブにとらえる人もいるでしょう。長濱他（2009）は，大学生を対象に「協同作業に対する認識」について調査を行い，「協同効用」「個人志向」「互恵懸念」の3つの下位カテゴリを明らかにしています。互恵懸念は，「協同は仕事のできない人たちのためにある」など，協同から得られる恩恵が個人によって異なる（大きい場合と小さい場合がある）という認識のことです。個人志向や互恵懸念は，協同に対する否定的な認識と考えてよいでしょう。

こうした協同に対する認識は，協同への参加態度に影響を与えていると考えられます。町（2009）は，仲間との協同に否定的な児童はグループ学習で

非主張的な態度を示す傾向があることを，担任教師に対する聞き取り調査によって明らかにしています。また，瀬尾（2017）は，協同に対する肯定的な認識が協同への主体的参加態度と中程度の相関を示したことを報告しています。協同に対してどのように取り組むかつまり参加態度は，協同に対する認識（信念）に左右されることが示唆されます。

8.2.3　協同学習に必要な知識と方略

　協同することが学習効果を生むのは，仲間とのやりとりによって，自らの既有知識や新たな情報の関連づけが促進されていくためであることを前節で説明しました。しかし，仲間とのやりとりが行われていたとしても，もし，そうした情報の関連づけが生じなければ学習効果は低いものにとどまるでしょう。協同学習においては，仲間とのやりとりが表面的に活発に行われるだけでなく，情報どうしを関連づけていくようなやりとりが行われることが一つのポイントになります。

　小林（2009）は，理科授業において，実験に関する情報の関連づけを促すための知識と方略である「仮説評価スキーマ」を教えて（図 8.1），協同で実験に取り組ませる授業の効果を検討しています。この授業とは別に，特別な働きかけを行わず自由に協同させる授業も行い，授業の効果を比較しました。その結果，自由に協同させた場合よりも，仮説評価スキーマを教えて協同させた場合のほうが，授業内容自体の理解も，実験スキルも向上したことが示されました。また，そうした効果は，実験で得られた複数の情報をうまく活用しきれていないメンバーも，他のメンバーがグラフ等の情報を関連づ

---

1. 問題の答えを予想し，そう思う理由を書いてください。（予測）
2. どのような実験をすると問題の答えがわかるか考えてください。その実験が良いと考える理由も書きましょう。（実験計画）
3. 実験の結果はどのようなものでしたか。（結果の観察）
4. 実験の結果からどのようなことが考えられますか。（結果の解釈）

図 8.1　ワークシートによる仮説評価スキーマの提示（小林，2009）

けて解釈しようとする様子に影響を受けて自らも同様に考えようとする活動に取り組んだ結果生じていることが，発話分析によって明らかにされています。

8.3 協同による学習のデザイン

8.3.1 個人の目標設定と振り返り

　協同による学習を取り入れた授業を展開するもっとも重要なポイントは，教師自身が「協同を取り入れた授業は，最終的には個々の児童・生徒の能力を伸ばす方法の一つである」との認識に立って授業を行うことです。これは，一般社会で行われる協同と，学校教育で行われる協同の目的の大きな違いといってもよいでしょう。つまり，企業など一般社会での協同は，グループとしての成果がどうであったかが最終的には問われます。しかし，学校教育場面では，極端にいえばグループとしての成果が十分満足できるものにならなかったとしても，一人ひとりの児童・生徒が協同を通じてそれぞれの学びを得ることができているならば，それは協同による学習の成果と評価できるのです。

　このような視点に立つと，まず，協同による学習に入る前に一人ひとりが学習の目標（個人目標）を明確に持つことが重要になります。また，協同による学習の終末部分では，個人目標に対する振り返りを行い，何がどれくらい達成できたか確認することも欠かせません。協同を取り入れた授業のデザインでは，個人の目標設定と振り返りの時間を必ず確保することが，活動に流されない確かな学習を成立させる必要条件といえます。

8.3.2 協同の目的と方法の明確化

　協同が効果的に機能している授業の特徴の一つは，協同の目的が明確であり，具体的な学習活動として児童・生徒にも伝わっていることです。たとえば，算数・数学の授業で問題を提示して話し合いをさせる場合，「解き方を

グループで考えなさい」という指示は，かなり抽象的です。できるだけたく
さんの解き方を考えるグループもあれば，解き方を1つ出して活動をやめる
グループも出るでしょう。「解き方をグループで最低3つ考えて，それぞれ
の利点と欠点を比べ，おすすめの解き方ランキング（理由つき）を作りなさ
い」といった指示にすると，児童・生徒が行う学習活動が具体的になります。
こうした指示を出すためには，協同の目的（複数の解き方を考えて比較す
る）と方法（最低3つ挙げる，利点と欠点を比べる，など）を具体的に明確
にしておく必要があります。

8.3.3　グループの構成・人数・役割分担

　グループのメンバーをどのように組み合わせるかは，協同の目的に応じて
授業者が戦略的に行っていくことが望ましいと考えられます。たとえば，授
業の目的が，多様な意見をめぐって議論し思考を深める場合には，できるだ
け考えが異なる者どうしがグループになるよう構成すると活発な議論につな
がるでしょう。学力レベルについては，異質なメンバーの組合せに効果があ
ることが示されています（権・藤村，2004）。ただし，学力差が大きいと，
場合によっては協同よりも模倣が生じることもある点に注意する必要があり
ます。

　グループの人数も，基本的には目的に応じて決めます。人数が多い場合は，
多様な意見にふれられるメリットがありますが，人数が多くて意見を言いに
くかったり，役割や責任が不明確になりフリーライダーが現れることも考え
られます。一方，人数が少ない場合には，気軽に意見を出し合うことができ
ますが，考えの幅が狭くなることもあります。このような，人数の多い少な
いによるメリット・デメリットを考えると，教室場面ではおおよそ4名前後
といったグループサイズが適切です。

　グループを適切な人数設定にして，目的に応じたメンバー構成を行ったと
しても，必ずしもグループによる協同が活発になされるとは限りません。先
に述べたように，協同による学習が効果的に機能するためには，各メンバー

が主体的に協同へ参加することが必要です。つまり，自分の考えをまとめて積極的に述べたり，他者の意見をしっかり受け止めて聴いたり，話し合いを整理したり，深く考えたりといった複数の認知的活動が求められます。これらすべてをまんべんなくこなせることは理想ですが，協同の経験が少ない段階では，難しいことも確かでしょう。小学校のグループ学習では，司会や記録係，質問係などのように，それぞれを役割として分担したほうが，話し合いが活発になり学習課題も達成されることが示されています（町・中谷, 2014）。

8.3.4　**相互達成志向の関係づくり**

　互いに高め合う関係や集団づくりは，協同による学習を成り立たせるもっとも重要な要素といえます。グループ学習で問題を考える場面で，ある子どものノートを，他の子どもたちが見てただひたすら自分のノートに写している様子をみかけることがあります。もし，解き方を考えた子どもが他の子どもに自分の考え方を説明したり，他の子どもが質問したりといった話し合いが行われていないならば，協同による学習になっておらず，互いに高め合う集団になっていない，と言わざるを得ないでしょう。

　協同による学習を取り入れるねらいは，子どもたちが互いに協力して課題に取り組みながら，一人ひとりが成長することです。そうしたねらいを，子どもたちにしっかり伝えることが重要です。また，上のような場面であれば，ある子どもが考えた解き方を，互いに理解できるか確認しあったり，説明しあったりといった相互的なやりとりを促すことが必要でしょう。

参 考 図 書

中谷 素之・伊藤 崇達（編著）（2013）．ピア・ラーニング――学びあいの心理学
　　　――　金子書房

　仲間との学びあいである「ピア・ラーニング」について，理論と教育実践の両側面から理解を深めることができます。第1部では，ピア・ラーニングをとりまく重要な心理学的理論（学業的援助要請，社会的比較，友人関係の動機づけ，目標理論，自己調整学習理論）や相互教授法・相互説明，ピア・サポートが説明されています。第2部，第3部では，具体的な教科学習や特別支援教育，日本語教育などにおいてピア・ラーニングがどのように実践されどのような成果を得ているかが紹介されています。

杉江 修治（編著）（2016）．協同学習がつくるアクティブ・ラーニング　明治図書

　前半部（1，2章）では，アクティブ・ラーニングの理論的背景としての協同学習研究を簡潔に紹介し，後半部（3〜6章）では具体的な授業づくりのポイントと実践を支える教師の協同について書かれています。対話的な学習の実践に取り組む教師や教職を目指す学生には，必携の一冊といえるでしょう。

キーワード

ピア・チュータリング　観察学習　モデリング　社会的手抜き　フリーライダー

学習指導の理論とデザイン　第章

　学校の授業には，いくつかのスタイルがあります。たとえば，先生の説明を聞きながら板書をノートにとる授業，グループで問題を考え，実験したり話し合ったりしながら学ぶ授業，あるテーマについて調べて発表する授業などです。これらのスタイルの違いは，背景にある学習指導の理論の違いによるものです。本章では，とくにこれまでの授業の方法に大きな影響を与えてきた対立的な2つの考え方，すなわち受容学習と発見学習について説明します。また，近年，両者を対立的に考えるのではなく，それぞれの利点を生かす授業デザインが提案されてきています。学習者の主体的・対話的で深い学びを実現するためには，どのような授業づくりが求められるか考えてみることにしましょう。

9.1　受容学習

　何か新しいことを学ぶ場合，それについて自分よりも詳しく知っている人から教えてもらう，説明してもらうことは，もっとも基本的な学習方法の一つといえます。こうした学習すべき内容を直接的に教授することによる学習を，**受容学習**と呼びます。学校の授業でも，教師からの説明によって学ぶ場面は多く，受容学習は日常的に行われているといえます。受容学習では，これまでにその分野で明らかにされてきた重要な事柄を整理して，多くの情報を効率的に学習者に伝えることができます。一方，伝達された情報を丸暗記のような方法で機械的に処理した場合には，学習内容の理解や定着が望めな

いことも指摘されています。

　オーズベル（Ausubel, D. P.）は，受容学習において重要なことは，学習内容を有意味化することであるとし，**有意味受容学習**を提唱しました。有意味化とは，第2章でもふれましたが，新しい情報を自分の持っている既存の知識構造に関連づけることです。つまり，有意味受容学習では，教師からの説明をただ受け身で聞いている（受容する）だけでなく，自分の頭で積極的に考えることによって，理解を促進し学習内容を確実に習得することを目指します。

　有意味化を促す方法として，オーズベル（Ausubel, 1960）が実験によって示した先行オーガナイザーに関する研究知見が参考になります。**先行オーガナイザー**とは，これから学ぶ内容に関連して事前に与えられる情報のことです。実験では，そうした情報を与えられる群と与えられない群が設けられ，与えられた群のほうが学習内容の保持が優れていることが示されました（**コラム9.1**）。

　先行オーガナイザーを与える方法は，有意味化を促す有効な方法ですが，より積極的に有意味化を促すには，学習者自身に学習内容の有意味化を直接的な活動として行わせることが有効です。第2章で紹介した知識獲得のための「精緻化」は，学習内容に対してより詳しい意味情報を付加する方法で，有意味化そのものといってもよいでしょう。プレスリー他（Pressley et al., 1987）は，文（基本文）を記憶する実験において，学習者に精緻化を行わせる条件（精緻化条件），文を単に記憶する条件（記憶条件），精緻化された文を提示する条件（提示条件）の3つの条件による学習について記憶成績の比較を行い，精緻化条件がもっとも良い成績であったことを報告しています。具体的には，基本文「強そうな男がシャベルを運んだ」に対して精緻化条件では，「なぜ，その男がそのようなことをするのか」という質問について答えさせ精緻化を促します。提示条件では，「重い岩を掘りだすために強そうな男がシャベルを運んだ」という精緻化された文を提示しその理解度を評定させています。精緻化された文を提示されるよりも，自ら精緻化を行ったほ

コラム9.1　2種類の先行オーガナイザー

　先行オーガナイザーには，概説的オーガナイザーと，比較オーガナイザーの2つの種類があります。**概説的オーガナイザー**は，これから学ぶ内容の概要や全体像を示すものです。学校の授業では，単元全体あるいは今日の授業でどのようなことを学ぶか，どのような力をつけるかを教師が説明することに相当するでしょう。また，学習目標や学習内容，学習計画を記したシラバスなども，授業の概説的オーガナイザーとして機能することが期待されているといえます。いずれも，学習のねらいや見通しについて，学習者自身が理解することによって，学習内容自体の理解が促されることが期待できると共に，主体的に学習に取り組む姿勢にもつながるでしょう。

　一方，**比較オーガナイザー**は，これから学ぶ内容とすでに学んだ内容との相違や関連を示すものです。たとえば，算数科授業の冒頭で，すでに学習した平行四辺形の面積の求め方を確認した後，今日の授業では，図形の面積の中でも新しく三角形の面積の求め方を学習することを伝える，といった導入が行われることがあります。面積の求め方という共通点を知らせることで，新しい三角形の場合でも，すでに学んだことで何か生かせることはあるかなという認知的な構えを促し，学習を円滑に進めるねらいがあるわけです。こうした先行オーガナイザーの各機能を知り，授業デザインにうまく組み込むことによって，より効果的に学習者の理解を促進することができます。

うが良い成績を示したわけですが，この結果に関してプレスリーらは，提示された精緻化よりも，学習者自身が精緻化した場合には，自分の既有知識に結びつけた精緻化が行われたためであると解釈しています。教室場面での授業においても，生徒は先生が精緻化した説明を聞くだけでなく，自分の知っている知識と積極的に関連づける活動を行うことが，確実な習得に結びつくといえます。

9.2 発見学習

　発見学習は，知識を教師が直接的に教えるのではなく，学習者自らが発見することによって獲得していくべきであるという考え方です。これはブルーナー（Bruner, J. S.）によって提唱され，教育界に大きな影響を与えてきました。発見学習では，学習者が自ら立てた仮説について，その仮説が正しいかどうかを実験等によって確かめながら，学習を進めていきます。「発見に至りたい」という内発的な動機づけにもとづいて，探究的なプロセスを学習者自らが経験する中で，知識だけでなく仮説を検証するための思考スキルが身につくと主張されてきました。しかし，その後の研究では，そうした思考スキルの獲得については，発見学習が優れているという知見（Dean & Kuhn, 2006）と，直接教授する方法が優れている（Chen & Klahr, 1999）という知見の両方が示されており，とくに発見学習のほうが優れているというわけではないようです。

　数学の授業実践に関する研究では，概念理解に関して発見学習のほうが優れているという結果が複数報告されているようです（たとえば，Hiebert & Wearne, 1996）。ただし，それらの授業では，発見した解法の良さや仕組みに関して子どもたちどうしでの議論も同時に行わせています。解法の発見よりも，むしろ解法に関する協同的な話し合いによって，発見した解法を意味づける活動のほうが，深い理解を生み出している可能性もあります。

　他に，発見学習に関する実践的な問題として，時間がかかって目標としていた法則等の発見に至らないことや，多くのことを行う結果，重要なポイントが獲得されないなどが指摘されています。1つの学習内容にかけられる授業時間には限りがあるため，実際の教室場面では，教師がある程度方向づけを行う「guided discovery」によって授業が行われています。

　ここまで，受容学習と発見学習について説明してきました。対立的にとらえられることが多かった受容学習と発見学習ですが，共通する重要なポイントも明らかになってきました。それは，知識を与えられるあるいは発見した

後に，学習者自身が主体的に既有知識と関連づけたり意味づけたりする学習活動が，深い理解を促すということです。これからの授業では，受容学習や発見学習の利点を生かしつつ，こうした深い理解を促す学習活動を，より積極的に授業展開に組み込んでいくことが重要になってくるでしょう。次の9.3 節では，理解を促す効果がある学習活動例として説明活動と質問（問題）づくり活動について紹介します。そして，9.4 節では，深い学びを目指した授業デザインとして提案されている「教えて考えさせる授業」を紹介します。

9.3　理解を促す学習活動

9.3.1　説明活動

　自分が学習したことを誰かに説明してみると，さらに理解が深まったりあるいは，自分自身の理解が十分でないことがわかったりします。学習したことを説明するためには，それぞれの内容（知識や情報）がどのような関連にあるかを考えながら言語化する必要があり，そうした内的な処理によって理解が促進されます。また，説明を聞いている相手が，よくわからない様子をみせた場合，別の言葉を付け加えたり言い換えたりしてわかってもらおうとするでしょう。そうした言語活動によって，自分自身よくわかっていなかったことが明確に理解できることもあります。

　授業でも**説明活動**の理解促進効果を活用するために，教師の解説を聞いたり教科書を読むだけでなく，学習者自身がそれらについてペアどうしあるいはグループ内で説明してみるという活動を取り入れるとよいでしょう。ただし，単に「○○について説明しなさい」という指示だけでは抽象的すぎて，理解を促進するための説明活動にはならない恐れもあります。深谷（2011）は，生物領域の学習において，仕組みと機能に着目させた説明を行うよう指示したグループのほうが，そうした指示をしなかったグループよりも，深い理解を促したことを報告しています。理解を促す説明活動にするためには，このような「説明の視点」を具体的に与えることが必要でしょう。その他の

説明の視点として，たとえば，「新しく習った用語（概念）について，その定義と具体例を説明する」「問題の解き方や証明の手続きを言葉で説明して，なぜそのようにできるのか使われている性質や公式も合わせて言いましょう」「○○について，当時の政治体制と経済状況から説明しなさい」などが考えられます。

9.3.2　質問（問題）づくり活動

　学習内容に関する質問や問題を作る活動を行うことは，作成者自身の理解を促進することが知られています。第 3 章では，説明文に関する質問づくり活動が，説明文の理解を促したことを明らかにした研究（秋田，1988）を紹介しました。質問づくり活動では，中学生に対して「文章を理解できたかどうかを確かめる質問を，先生になったつもりで作成して答える」ことが指示されました。この指示には，質問を作成することと，質問に答えることという 2 つの活動が含まれていますが，秋田（1988）は質問を作成するプロセス自体が効果を持つことを示しています。生徒たちが，適切な質問を作るために，文章の重要なポイントは何かを注意深く考えながら読むことが，内容理解を促していると推察されます。**質問（問題）づくり活動**は，授業でもときおり取り入れられていることがありますが，学習内容の要点を抽出し理解を促進する学習活動として，さらに積極的に利用することが望まれます。

　ただし，単に「質問（問題）を作りなさい」といった指示だけでは，理解を深める質問はあまり作成されないことも指摘されています。湯澤（2009）は，中学生の自己質問の作成当初は，「A：個々の意味や事実を問う質問（例：GDP とは何か）」が多く，取組みを重ねると「B：学習内容を構造化する質問（例：なぜヨーロッパの国々は EU を作ったのか）」のタイプが増加するとしています。一方，学んだ知識を活用して別の問題に適用する「C：学習内容を応用する質問（例：なぜ日本とマレーシアは自由貿易協定を結ぶのか）」は，ほとんど作成されず，質問の視点と作成方法を具体的に示す必要があることを指摘しています。

　実際の授業では，ペアやグループで質問（問題）を作って出しあうことも考えられます。深谷他（2016）では，高校生の教えあいの中でも，断片的な知識を「〇〇は何ですか」のように一問一答形式で尋ねる質問が多く，情報の関連づけを促す「なぜ」を問う質問はほとんどみられなかったことを報告しています。理解を深めるための質問の仕方と，説明の仕方を具体的に教えることが必要であるとし，実際にそれらの指導を行った結果，理解を深めるやりとりが増えたことを確認しています。

9.4 「教えて考えさせる授業」

　「**教えて考えさせる授業**」は，習得の授業のデザインとして，市川（2004）によって提唱されました（**コラム9.2**）。基本的な特徴は，授業を「教師の説明」「理解確認」「理解深化」「自己評価」の4つの段階から構成することです（**表9.1**）。まず「教師の説明」では，学習者に獲得させたい知識や技能を，教師からわかりやすく教えます。次に「理解確認」では，教師の説明したことがわかっているかを，学習者どうしの説明活動や教えあい活動を通じて確かめます。そして，「理解深化」では，理解を深めるための課題を少人数のグループで解決したり討論したりしながら取り組みます。「自己評価」では，授業を振り返り「わかったこと」「まだよくわからないこと」「さらに考えてみたいこと」などを書きます。これら4段階には，以下に示すようにそれぞれ理論的な裏づけに基づいた，ねらいがあります。

　上で述べたように，「教えて考えさせる授業」では，まず，本時に獲得させたい知識や技能を，基本的に「教師の説明」によって授業の早い段階で教えることが主要な特徴の一つです。9.2節で述べたように，発見学習ではそうした知識や技能を学習者の発見によって獲得させようとしますが，発見に至らない恐れも指摘されていました。「教えて考えさせる授業」では，学習者の発見に頼るのではなく，教師から明確かつ効率的に教える，つまり受容学習を行います。一方，受容学習の問題点として，学習者自身が知識の関連

コラム 9.2　「教えて考えさせる授業」提案の背景と成果

　「教えて考えさせる授業」が提案された背景には，教育に関する 2 つの対立的な考え方によって，過去の教育界が振り子のように揺れてきた実態があります。一つは「教え込み・詰め込み」型の教育です。もう一つは，1990 年代のゆとり教育に代表される「指導より支援」型の教育です。ゆとり教育では，とくに「教師が教えること」が抑制されて，子どもの自力発見，自力解決をサポートする役割に徹するべきだとされました。しかし，どちらのタイプの教育においても，「授業がよくわからない」という児童・生徒を多く生み出してきました。

　その中で，市川（2004）は，学習の基本的なあり方には，「**習得サイクルの学習**」と「**探究サイクルの学習**」があることを示し，とくに習得サイクルの授業では，教師が的確に教えたうえで子どもたちに思考・表現させることが，多くの子どもにわかる授業になり得るとして，「教えて考えさせる授業」を提案しました。習得サイクルの学習とは，目標となる知識や技能を身につけるための学習のことです。一方，探究サイクルの学習とは，自らの興味・関心を探究するために，課題を設定し追究していく学習のことです。市川（2010）は，これからの教育では双方が共に重要である一方で，ゆとり教育で強調された（自力）問題解決型の学習は，「探究型の授業スタイルを無理やり拡張して習得を図ろうとする，無謀な教育論に思えた」と述べています。

　さて，「教えて考えさせる授業」を導入し継続している学校では，「授業が分かってもっと学びたい」といった学習意欲の向上と，学力面での成果が報告されています（市川，2017）。また，学力を支える学び方すなわち学習方略が獲得されたことも示されています（深谷他，2017）。これからの教育では，教科内容の知識と共に，学習方略のような教科横断的な資質・能力の育成が求められています（中央教育審議会，2016）。「教えて考えさせる授業」は，そうした資質・能力の育成を実現する有力な授業デザインといえます。

表 9.1 **「教えて考えさせる授業」**（市川，2017を一部改変）

段階レベル		方針レベル	教材・教示・課題レベル
教える	（予習）	授業の概要把握と疑問点の明確化	• 通読してわからないところにふせんを貼る • まとめをつくる／簡単な例題を解く
	教師の説明	教材・教具・説明の工夫	• 教科書の活用（音読／図表の説明） • 具体物やアニメーションによる提示 • モデルによる演示 • ポイント・コツなどの押さえ
		対話的な説明	• 代表児童生徒との対話 • 答えだけでなくその理由を確認 • 挙手による，賛成者・反対者の確認
考えさせる	理解確認	疑問点の明確化	• 教科書やノートにふせんを貼っておく
		生徒自身の説明	• ペアやグループでお互いに説明
		教えあい活動	• わかったという児童生徒による教示
	理解深化	誤りそうな問題	• 経験上，児童生徒の誤解が多い問題 • 間違い発見課題
		応用・発展的な問題	• より一般的な法則への拡張 • 児童生徒による問題づくり • 個々の知識・技能を活用した課題
		試行錯誤による技能の獲得	• 実技教科でのコツの体得 • グループでの相互評価やアドバイス
	自己評価	理解状態の表現	•「わかったこと」「まだよくわからないこと」「さらに考えてみたいこと」

づけを中心とした有意味化を行わないと，浅い理解にとどまることが指摘されていました。そのため，「教えて考えさせる授業」では，「教師の説明」の直後に「理解確認」の段階を設けて，説明活動や教えあい活動などの学習活動を組み込んでいます。先生から説明されたことを学習者どうしで説明しあうことによって，自分がわかっているかどうか学習者に理解状態の自己診断を促すと共に，学習内容を主体的に意味づける，有意味化を図るねらいがあるといえます（**コラム 9.3**）。

「理解深化」では，深い理解を促す深化課題に取り組みますが，いわゆるドリル的な練習問題や，あるいは一握りの児童・生徒しか解けないような難しい問題解決を求めるということではありません。多くの学習者が誤解しや

コラム 9.3 「教えて考えさせる授業」と予習

　「教えて考えさせる授業」では，できれば簡単な予習を行って授業にのぞむことを勧めています（表9.1）。たとえば，教科書を読んでみてわからないところに「ふせん」を貼ることや，教科書の内容について簡単にまとめてみる，例題を解いてみるなどです。そうした予習が先行オーガナイザーとなって機能し，予習なしの場合と比べて授業の理解を促進することは，実証的に明らかにされています（篠ヶ谷，2008）。

　しかし，実際の小学校の先生方や，場合によっては中学校の先生方の中にも，予習に対して難色を示される方がいらっしゃいます。①授業内容を事前に知ると，当日の授業が面白くなくなり意欲を失う，②低学年や学力が高くない子どもに予習を行わせることは難しい，などの理由からです。

　①について，予習を行っている学校では，教員の実感として「授業への参加意識が高まり，主体的に取り組むことができるようになった」ことや，生徒アンケートからも9割以上が肯定的であったことが報告されています（市川，2017）。予習によって学習意欲が失われるわけではないことがわかります。期待×価値モデルや自己効力理論では（第5章），学習に対する見通しを持つことは動機づけを促すことがわかります。予習を行うことで学習に対する見通しが立てば，意欲は低下せず，むしろ高まるといえます。

　②について，市川（2020）は，「予習のハードルを下げることが大切」と述べています。予習でわからないことがあってもそれは当然であり，わからないことをわかるために授業を受けるのだということを，子どもたちに伝えることで予習に対すプレッシャーを下げることができます。また，授業の最初に「予習タイム」で，予習の仕方を練習することも有効です。岡山県のある小学校では，低学年からそうした練習を重ねて，予習の仕方が身につくような取組みが行われています（市川，2017）。

すい問題や，学んだ知識を活用するタイプの課題（児童・生徒による問題づくり，より一般的な法則への拡張など）に小グループで取り組む中で，学習内容の確実な理解に結びつけていくことを主眼としています。それまでは「生わかり」の状態であった学習内容について，「理解深化」の段階を経験することによって，自分で自信をもって説明できたり，問題を解けたりするようになることをねらっているともいえるでしょう。

　適切な理解確認や理解深化の課題を設定するためには，学習内容に関して，児童・生徒がどういうところがどれくらい難しいか，また，どのようなつまずきや誤解（素朴理論，誤概念，第3章も参照）がありそうかを事前に考えておくことが重要です。市川（2013，2017）は，「今日の授業の内容を習得するには，どこがどれくらい難しいか」を推し量ってみることを「困難度査定」と名づけ，授業を構想する際に「困難度査定とそれに応じた指導上の工夫」を考え指導案にも記載することをすすめています。

参 考 図 書

市川 伸一（2020）．「教えて考えさせる授業」を創る——アドバンス編——　図
　　書文化

「教えて考えさせる授業（OKJ）」の最新の書籍です。OKJ とはどのような授業
で何がその特徴となっているのかについて，理論的解説と授業実践例（小・中・
高）を通じた説明により，理解を深めることができます。また，授業づくりの
Q&A は，実際に授業を構想し実践する際に出てくる疑問に答えるものになってい
ます。OKJ の授業実践例を紹介した書籍についてもふれられています。

市川 伸一（編著）（2017）．授業からの学校改革——「教えて考えさせる授業」に
　　よる主体的・対話的で深い習得——　図書文化

OKJ に取り組んできた4つの小学校と2つの中学校の取組みが紹介されていま
す。学習指導案の紹介だけではなく，導入の経緯や学校内の研修組織，実践・研
究の様子，成果と課題などが盛り込まれ，各学校が OKJ の授業づくりを通して学
校現場の課題解決にどのように取り組まれてきたのかがわかるものになっていま
す。

自己調整学習研究会（監修）岡田 涼・中谷 素之・伊藤 崇達・塚野 州一（編著）
　　（2016）．自ら学び考える子どもを育てる教育の方法と技術　北大路書房

教育の方法と技術について，教育心理学における知見をベースにまとめられて
います。とくに，自己調整学習理論の立場からの教育実践を意識しながら執筆さ
れた点が特徴となっていて，子どもたちの主体的・対話的で深い学びを実現する
ための指導方法や技術を具体的に知ることができます。

キーワード

受容学習　有意味受容学習　先行オーガナイザー　概説的オーガナイザー　比較
オーガナイザー　発見学習　説明活動　質問（問題）づくり活動　教えて考えさ
せる授業　習得サイクルの学習　探究サイクルの学習

特別支援教育と発達障害 第10章

特別支援教育は，改正学校教育法に基づき2007年に本格的にスタートしました。それ以前にも，障害のある児童・生徒に対する教育は「特殊教育」という形で行われてきましたが，それがなぜ特別支援教育へと転換していくことになったのでしょうか。本章の10.1節では，特別支援教育の考え方すなわち理念について説明します。そして，どのような場や形式で特別支援教育が行われているか，制度や現状について紹介します。10.2節では，発達障害の理解と支援について考えていきます。主に学習障害，注意欠如／多動性障害，自閉症スペクトラム（高機能自閉症）の特徴について紹介します。そして，発達障害の特徴を示す児童・生徒に対する支援のあり方について考えていきます。

10.1 特別支援教育の理念・制度・現状

10.1.1 特別支援教育とは

2007年に特別支援教育がスタートするにあたって，文部科学省は，**特別支援教育**の基本的な考え方について以下のように示しました。

特別支援教育は，障害のある幼児児童生徒の自立や社会参加に向けた主体的な取組を支援するという視点に立ち，幼児児童生徒一人一人の教育的ニーズを把握し，その持てる力を高め，生活や学習上の困難を改善又は克服するため，適切な指導及び必要な支援を行うものである。

　また，特別支援教育は，これまでの特殊教育の対象の障害だけでなく，知的な遅れのない発達障害も含めて，特別な支援を必要とする幼児児童生徒が在籍する全ての学校において実施されるものである。

　さらに，特別支援教育は，障害のある幼児児童生徒への教育にとどまらず，障害の有無やその他の個々の違いを認識しつつ様々な人々が生き生きと活躍できる共生社会の形成の基礎となるものであり，我が国の現在及び将来の社会にとって重要な意味を持っている。

　特別支援教育は，従来行われてきた特殊教育とは多くの点で異なる特徴を持っています。ここでは，3つ指摘しておきましょう。まず1つめは，知的な遅れのない発達障害を特別支援教育の対象としたことです。これは，2002年に行われた実態調査によって，小中学校の通常の学級にそのような児童生徒が6.3％程度の割合で在籍している可能性が明らかになったことが大きく影響しています。2つめは，特別支援教育をすべての学校において取り組むと定めたことです。これまでの特殊教育は，障害を持つ児童生徒に対する教育を，盲，聾，養護学校や特殊学級で行うことを指していました。しかし，そうした場だけでなく，上述したように通常の学級においても特別な支援を必要とする児童生徒が在籍していることが明らかになり，すべての学校において必要な支援や指導を行っていくという方針が打ち出されました。3つめは，障害のある幼児児童生徒への教育にとどまらないことです。障害の有無に関わらず，すべての子どもにとって有効かつ必要な教育と位置づけて推進し，共生社会の実現を目指していくことが望まれています。

10.1.2　特別支援教育の制度と現状

　特別支援教育では，幼児児童生徒一人ひとりの教育的ニーズに合わせた適切な指導や必要な支援を実現していくために，関連する制度の見直しや変更が行われました。ここでは，子どもたちがどのような場でどのように学んでいるかについて，その概略をみていきましょう。また，義務教育段階のうち

（平成 27 年 5 月 1 日現在）

| 義務教育段階の全児童生徒数　1009 万人 |

特別支援学校
　視覚障害　知的障害　病弱・身体虚弱　　　　0.69%
　聴覚障害　肢体不自由　　　　　　　　　　（約 7 万人）

小学校・中学校

　特別支援学級
　　視覚障害　肢体不自由　自閉症・情緒障害　　2.00%
　　聴覚障害　病弱・身体虚弱　　　　　　　　（約 20 万 1 千人）
　　知的障害　言語障害
　　（特別支援学級に在籍する学校教育法施行令第 22 条の 3 に該当する者：
　　約 1 万 8 千人）

　通常の学級

　　通級による指導　　　　　　　　　　　　0.89%
　　　視覚障害　肢体不自由　　　自閉症　　　（約 9 万人）
　　　聴覚障害　病弱・身体虚弱　学習障害（LD）
　　　言語障害　情緒障害　　　　注意欠陥多動性障害（ADHD）

　発達障害（LD・ADHD・高機能自閉症等）の可能性のある児童生徒：6.5%
　程度*の在籍率
　※この数値は，平成 24 年に文部科学省が行った調査において，学級担任を
　　含む複数の教員により判断された回答に基づくものであり，医師の診断
　　によるものでない。

（通常の学級に在籍する学校教育法施行令第 22 条の 3 に該当する者：約 2,100 人
（うち通級：約 250 人））

3.58%
（約 36 万 2 千人）

図 10.1　**特別支援教育の対象の概念図（義務教育段階）**（文部科学省，2012）

　どれくらいの割合の児童生徒が特別支援教育の対象として学んでいるかについて，文部科学省が平成 27 年度調査の時点で「特別支援教育の対象の概念図（義務教育段階）」としてまとめたものがわかりやすいことから，この図を参考に概観します（**図 10.1**）。

1. 特別支援学校

　特別支援学校は，基本的に，視覚障害，聴覚障害，知的障害，肢体不自由，病弱（身体虚弱を含む）及びこれらの重複障害に対応した教育を行っています。特別支援学校の対象となる障害の程度については，政令によって定められています。特別支援学校の教育課程の特徴は，たとえば小学部では小学校の各教科等に，中学部では中学校の各教科等に「自立活動」を加えた編成が

行われている点です。自立活動は，障害に基づく種々の困難を主体的に改善・克服し，自立し社会参加するために必要な知識・技能等を養うことを目標として行われます。平成 27 年度時点で，特別支援学校に在籍する児童生徒は約 7 万人で，義務教育段階の児童生徒全体（1,009 万人）の 0.69％の割合となっています。

　次に述べる「特別支援学級」と「通級による指導」は，小学校・中学校における障害のある児童生徒への指導及び支援の仕組みです。特別支援教育が2007 年にスタートする以前にも，小・中学校では特殊学級及び通級による指導として行われてきました。しかし，小・中学校の通常の学級に在籍する発達障害の児童生徒に対する指導及び支援が喫緊の課題となっている状況を踏まえ，これまでの対象に加えて特別な支援を必要とする児童生徒等への適切な教育を小・中学校等において行うことが 2006 年に改正された学校教育法に明記されました。それに伴って，特殊学級は特別支援学級と名称が改められました。

2. 特別支援学級

　特別支援学級は，小・中学校に設置することができる教育上特別な支援を必要とする児童生徒のための学級です。対象は，知的障害者，肢体不自由者，身体虚弱者，弱視者，難聴者，その他障害のある者で，特別支援学級において教育を行うことが適当な者と定められています。その他の障害として，言語障害や情緒障害などがあります。学校によっては複数の特別支援学級が設置されている場合がある一方で，特別支援学級が設置されてない小・中学校も多く，設置状況の偏りが課題として指摘されています。特別支援学級は，小・中学校に設置された学級であることから，基本的には，小学校・中学校の学習指導要領に沿って教育が行われます。しかし，子どもの実態に応じて，特別支援学校の学習指導要領を参考として特別の教育課程も編成できるようになっています。また，一人ひとりの教育的ニーズに応じた適切な指導及び必要な支援を行う観点や，交流及び共同学習の促進の観点から，たとえば特定の教科については特別支援学級で学び，それ以外の教科や特別活動につい

ては通常の学級で学ぶといった，多様で柔軟な学習形態が各学校において工夫されています。平成27年度時点で，小学校・中学校の特別支援学級に在籍する児童生徒は約20万1,000人で，義務教育段階の児童生徒全体の2.00％の割合となっています。

3.　通級による指導（通級指導教室）

　通級による指導は，小学校や中学校の通常の学級に在籍している児童生徒に対して，主として各教科等の学習は通常の学級で行いながら，障害に応じた特別の指導を特別の場（通級指導教室）で行うことです。対象は，言語障害者，自閉症者，情緒障害者，弱視者，難聴者，学習障害者，注意欠陥多動性障害者，その他障害のある者で，通級による指導によって特別の教育を行うことが適当な者と定められています。特別の指導については，一人ひとりの教育的ニーズに応じて，自立活動や教科の補充指導を組み合わせて行われています。こうした通級による指導を受けている児童生徒は約7万8,000人で，児童生徒全体の0.76％の割合となっています。通級指導教室についても，設置の偏りが課題として指摘されてきました。

　以上で述べてきた「特別支援学校」「特別支援学級」「通級による指導」といった何らかの形で特別支援教育の対象となっている児童生徒は，約36万2,000人で児童生徒全体の3.58％の割合となっています。

4.　教師への調査による実態

　一方，文部科学省が平成27年に発表した実態調査において，小・中学校の通常の学級に在籍している児童生徒のうち発達障害（学習障害，注意欠陥多動性障害，高機能自閉症等）の可能性のある児童生徒が約6.5％程度の割合で在籍していることが示されています（文部科学省，2012）。この数値は，学級担任を含む複数の教員により「発達障害の可能性がある」と判断された回答に基づくもので，医師の診断によるものではないことに注意する必要があります。

　しかし，日常的に学習や生活の指導を行っている教員が判断した数値であるということは，重要な意味を持ちます。すなわち，クラスの中で特別な教

育的支援が必要だと教師が感じる児童生徒が，たとえば 1 クラス 40 人の場
合に 2〜3 人程度在籍する可能性があるということです。

10.2 発達障害の理解と支援

　本節では，「学習障害」「注意欠如多動性障害」「自閉症スペクトラム（高
機能自閉症）」と，その上位カテゴリーに位置づけられる「発達障害」につ
いて，どのようなつまずきや特徴を示すか，そして，指導・支援におけるポ
イントは何かについて考えていきます。なお，各障害に関する診断・判定の
ための詳細なアセスメントについては専門的な知識が必要です。また，用語
について，ここまでは文部科学省などの調査主体が調査時点で使用していた
用語を，ほぼそのまま用いて説明してきました。しかし，定義や概念，用語
については，分野によって異なることや見直しが行われることもあり統一し
て用いられているわけではありません。次節では，そうした変遷等にもふれ
つつ，現段階で広く使用されている用語を基本的に用いることとします。

10.2.1　発達障害とは

　発達障害という用語は，教育場面だけでなく，福祉や医学などその他の領
域でも使用されます。世界的に統一された定義があるわけではありませんが，
現在の我が国において「**発達障害**」という場合は，2005 年に施行された発
達障害者支援法第 2 条による定義が基本として使用されます。

　　この法律において「発達障害」とは，自閉症，アスペルガー症候群その
　他の広汎性発達障害，学習障害，注意欠陥多動性障害その他のこれに類す
　る脳機能の障害であってその症状が通常低年齢において発現するものとし
　て政令で定めるものをいう。

この定義にあるように，発達障害の基本的な特徴は，「低年齢（乳児期や

幼児期）に発症する」ことと「（基本的に）脳機能の障害である」ことです。脳機能の障害がどのように起こるのかについてのメカニズムは十分に明らかになっているわけではありませんが，脳の形成過程における微細な異変を指摘する研究者もいます。また，もう一つの基本的特徴として「症状が悪くなることもないが良くなることもない」ということが挙げられます。発達障害の治療として薬が処方されることがありますが，現段階では，症状を一時的に抑えることを目的とした対症療法が基本です。発達障害の発症メカニズムやそれに基づく根治治療の可能性については，今後の研究の進展を待たなければならないでしょう。

　発達障害に含まれる各種の障害は，基本的にはこの定義に挙げられたものといってよいでしょう。ただし，医学的な観点では，より詳細に分類が行われています。どのような下位カテゴリーを含むかについては，医学的診断体系（DSM や ICD）によって，それぞれ異なります。また，版の改訂に伴ってカテゴリーや名称等が見直されてきています。実際には，それぞれの障害の間の明確な区分が困難である場合や，障害のあるなしについても明確な区分が難しいケースが多いことから，発達障害は連続体（スペクトル）としてとらえていくことが望ましいとする考え方が広まってきています。

10.2.2　学習障害（LD）

　私たちは，学習する場面において，多くの基礎的な能力を使って学んでいます。たとえば，教科書を読む，先生の話を聞いて理解する，黒板に書いてあることをノートに写すなど，こうした学習活動をスムーズに行うことによって，学習内容を理解したり習得したりしていきます。しかし，子どもたちの中には，このような基礎的な学習能力に著しい困難を抱えている子どももいます。**学習障害**（Learning Disabilities；**LD**）について，文部科学省は以下のように定義しています。

　学習障害とは，基本的には全般的な知的発達に遅れはないが，聞く，話

す，読む，書く，計算する又は推論する能力のうち特定のものの習得と使用に著しい困難を示す様々な状態を指すものである。

　学習障害は，その原因として，中枢神経系に何らかの機能障害があると推定されるが，視覚障害，聴覚障害，知的障害，情緒障害などの障害や，環境的な要因が直接の原因となるものではない。

　この定義に示されるように，学習障害は，基本的には知的発達に遅れはないとされます。学習障害の原因として，脳の機能障害の可能性が推定され，その他の障害や環境的な要因が直接の原因ではないとされています。心理学の立場からは，視覚認知，聴覚認知や中央実行系（統合機能），ワーキングメモリなどが関連する情報処理プロセスにおいて，特定の部分に著しい偏りや困難が生じている状態と説明されます（コラム10.1）。

　学習障害の状態を示す子どもに対しては，子どもの認知的特性（強みや弱み）を踏まえた指導および支援，学習方法の獲得などが求められます。たとえば，音読が苦手で読みにつまずきを示す子どもの場合，文の中の意味のまとまり（単語など）を短い時間で把握する力が弱いということがあります。文を読む前に，意味のまとまりについて本人に線や丸をつけながら確認させたり，教材やワークシートも必要に応じて「分かち書き」を取り入れるといった対応が考えられます。

10.2.3 注意欠如／多動性障害（ADHD）

　注意欠如／多動性障害（Attention-Deficit/Hyperactivity Disorder；ADHD）について，文部科学省は以下のように定義しています。

　ADHDとは，年齢あるいは発達に不釣り合いな注意力，及び／又は衝動性，多動性を特徴とする行動の障害で，社会的な活動や学業の機能に支障をきたすものである。

　また，7歳以前に現れ，その状態が継続し，中枢神経系に何らかの要因

コラム 10.1　読み書きのプロセスとつまずき

　文部科学省が2012年に行った実態調査では，学習領域における困難について，「聞く・話す」ことに困難を抱える子どもより「読む・書く」に困難を抱える子どものほうが割合として多いことが報告されています。

　「読む」という行為を情報処理プロセスに沿って考えると，まず入力段階として，文字を見て認識する視覚認知の段階があります。次は，入力された文字を内部処理する段階で，形を把握し，音韻や意味と結びつけます。そして，処理結果に基づいて出力する段階，すなわち発語に至ります。これらの一連のプロセスをスムーズに進行させることで，私たちは読むという行為を成立させているわけです。読み障害（Dyslexia）に関する従来の研究では，音韻処理機能が弱いことが主な要因と考えられてきましたが，最近の研究では，音韻処理機能だけでなく視覚情報処理との関連も報告されています（宇野他，2007）。

　一方，「書く」という行為も多くの情報処理と運動機能が要求されます。たとえば板書をノートに書き写す場面では，黒板に書かれた文字を認識し，それを視空間的短期記憶に保持しながら，実際に手を動かしてノートに文字として書いていきます。

　「読む」という行為も「書く」という行為も，「読み書き計算」という言葉に象徴されるように，教育場面では非常に基礎的なスキルととらえられています。しかし，認知心理学や神経心理学的な観点からみると，上で述べたように複数の情報処理と対応する身体運動が要求される高度な情報処理プロセスといえます。子どもたちの読み書きのつまずきについて指導や支援を行う際には，こうした情報処理プロセスに基づいて，目の前の子どもがどのようにつまずいているかを把握し，適切な対応を行っていくことが求められます。

による機能不全があると推定される。

　この定義に示されているように，ADHDの本質は「行動の障害」です。つまり，行動をコントロールする機能に不全があるといえます。ADHDの主な特徴に，「不注意」「多動性」「衝動性」があります。「不注意」とは，必要な場面で注意を集中することができなかったり，注意を持続することが難しい状態を指します。不注意の結果，話の内容を十分聞いていなかったり，物事を最後までやり遂げることができなかったりします。「多動性」とは，じっとしていることが難しく，手足をそわそわ動かしたり，むやみに他人に話しかけたりといった，過度な活動状態を示します。「衝動性」とは，思いついたことを，場面や状況を考慮せずに行動に移してしまうことを指します。順番を無視して自分が質問に答えてしまったりなど，結果的に，他の人がしていることをじゃますることになる場合も多くあります。

　ADHDの状態を示す子どもに対する指導は，行動を自己コントロールする力を伸ばしていくことが目標となります。そのために，本人の状態を的確に把握して，適切な目標を設定し達成できる指導・支援を行っていくことが求められます。たとえば，授業中に離席する子どもも，よく観察するとおよそ3分程度は着席できているということが把握できれば，「次は4分間離席しない」ことを目標にします。目標が達成できれば，そのことを十分に評価します。そして，次の目標を決めて取り組みます。こうしたスモールステップによって「やればできる」といった感覚を積み重ねていくことで，次第に自己コントロールの力を身につけていくことができます。

10.2.4　高機能自閉症（自閉症スペクトラム）
　高機能自閉症について，文部科学省は以下のように定義しています。

　高機能自閉症とは，3歳位までに現れ，1. 他人との社会的関係の形成の困難さ，2. 言葉の発達の遅れ，3. 興味や関心が狭く特定のものにこだ

わることを特徴とする行動の障害である自閉症のうち，知的発達の遅れを
伴わないものをいう。

　また，中枢神経系に何らかの要因による機能不全があると推定される。

　高機能自閉症は，この定義に示されているように，自閉症の中で知的発達
の遅れを伴わないものを指します。この用語が使用される背景には，知的障
害を伴う自閉症との相違を考慮する必要性が認識されるようになってきたこ
とが指摘されています（国立特別支援教育総合研究所，2013）。高機能自閉
症についても，中枢神経系の機能不全が原因と推定されています。

　高機能自閉症の主な特徴に，「対人関係形成の困難」「言葉によるコミュニ
ケーションの困難」「特定のものへの独特なこだわり」があります。対人関
係形成の困難とは，一人でいることを好んで友だちとかかわろうとしなかっ
たり，集団行動や共同作業が苦手といった困難さを指します。こうした困難
が生じる背景として，他者の意図や感情を理解する力が弱いことが指摘され
ています。そのため，言葉によるコミュニケーションにおいても，相手の言
葉の意味を誤解したり，あるいは状況に応じた言葉を発したりすることが難
しく，まったく関連のない話をしたり，相手の傷つく言葉を不用意に発言す
るといったことがあります。特定のものへの独特なこだわりとは，たとえば
物の位置が通常と異なっていると元通りに戻すことに強く固執したり，毎日
通る通学路が工事中で迂回しなくてはいけないときにもそこをかたくなに通
ろうとするなどの強いこだわりのことです。こうしたこだわりは，多少の変
化に柔軟に適応することが難しいために生じると考えられています。

　指導や支援のポイントとして，本人の困り感をできるだけ減らすような工
夫が必要です。コミュニケーション場面では，あいまいな表現ではなく本人
が理解できる言葉で会話することを心がけるといったことができるでしょう。
また，図や絵など視覚的な情報の提示を積極的に行うことが理解の助けにな
る場合もあります。予定の変更等については，前もって予告し見通しを持た
せることで，変更による混乱を避けることができます。その他に，混乱した

際に，心理的に落ち着くことができる場所を確保し，落ち着く方法を身につけていく支援も，社会的な生活を送れるようになるために必要です。

10.2.5　発達障害に共通する支援のポイント

　発達障害に対応していく際に，障害の種類にかかわらず共通して留意すべきポイントが大きく 2 点あります。それは，「発達障害に対する誤解を解消し，より正確な理解につなげること」と「二次的障害の予防」です。発達障害は，脳機能の障害であるということが認識されにくく，本人の性格や努力，また，しつけの問題などとみなされることが多くあります。たとえば，ADHD の子どもが示す特徴的な行動は，順番を無視したり，他人をじゃまするといった問題行動としてとらえられることが多く，本人のわがままな性格による問題とみなされ，必要な支援が受けられないままとなる場合があります。また，他者から叱責や否定的評価を受け続けることになり，その結果，自己評価も下がっていきます。そして，発達障害の症状とは異なる問題行動が起こることもあり，**二次的障害**と呼ばれます。もともとの障害はもとより，二次的障害を予防するためにも，指導や支援を行う人が，「発達障害は脳機能の障害であること」や，特性を正しく理解することが重要です。そして，特性に応じた適切な指導や支援を行うことが求められます（**コラム 10.2**）。

コラム 10.2　小・中学校における特別支援教育システム

　特別支援教育の実施にあたって,「チームアプローチ」という考え方が重要な特徴となっています。**チームアプローチ**とは, 特別な支援を必要とする児童生徒への対応を, 学校全体で取り組んでいくと共に, 校外の関係機関などと連携をとりながら進めていくことです。

　校内においては, 校長のリーダーシップのもと, **校内委員会**を設置し, 児童生徒の実態把握と支援方法の検討を行うことが求められています。実態把握や支援方法の検討においては, 校内の教職員が連携するだけでなく, 保護者の理解を得ながら連携して進めることが重要になります。また, 関係諸機関・学校との連絡調整も必要になります。そうした連携の要となるのが**特別支援教育コーディネーター**です。校長はその役割を担う教員を指名し, 組織的に機能できるようサポートすることが求められます。

　個別の指導計画や**個別の教育支援計画**は, 必要な指導や支援を適切かつ計画的に行っていくために作成されます。個別の指導計画には, 児童生徒の実態とそれをふまえて設定した目標, 目標達成に向けた指導方法や手続き等を記述します。そして, 計画に基づきながら取組みを進め, 指導経過と, 得られた成果や課題を記入していきます。個別の指導計画は, 主に学校における学習面や生活面の指導に関して作成されます。一方, 個別の教育支援計画は長期的な視点に立って一貫した教育的支援を行うために作成します。教育に加えて, 医療, 福祉, 労働等のさまざまな側面から検討し活用していくことが求められています。

参 考 図 書

柘植 雅義・渡部 匡隆・二宮 信一・納冨 恵子（編）（2014）．はじめての特別支
　　援教育──教職を目指す大学生のために──　改訂版　有斐閣

　特別支援教育に関する基本的な知識と指導支援の方法を学ぶことができます。
副題に，「教職を目指す大学生のために」とありますが，教職課程の学生と共に，
現職の教師や保護者はもとより広く教育にかかわる人が身につけておくべき内容
が収められています。

独立行政法人国立特別支援教育総合研究所（編）（2013）．改訂新版　LD・
　　ADHD・高機能自閉症の子どもの指導ガイド　東洋館出版社

　発達障害の子どもに対する指導や支援の仕方が，具体的な場面ごとの実践例と
して説明されています（第 2 章）。各項目が，ある子どもの困り場面に対して，担
任教師がどのように指導・支援を行ったか，その結果と解説といった形で構成さ
れていて，実際に指導や支援を行っている人もこれから行うという人も，双方に
とってイメージしやすい指導ガイドです。

キーワード

特別支援教育　特別支援学校　特別支援学級　通級による指導　発達障害　学習
障害　LD　注意欠陥／多動性障害　ADHD　高機能自閉症　二次的障害　校内委
員会　特別支援教育コーディネーター　個別の指導計画　個別の教育支援計画

学力と学習の評価　第11章

　教師の主要な仕事の一つに，児童生徒の学力や学習の評価があります。終業式の日に受け取る通知表は，学力の評価結果が記載されたものです。ではどのような考え方や方法によって評価は行われているのでしょうか。本章では，初めに学力が教育場面においてどのように考えられてきたかについてみていきます。次に，評価の目的と機能，そして評価の方法について説明します。これからの社会を生きる子どもたちにとって，どのような評価のありかたが求められているか考えてみることにしましょう。

11.1　学力をとらえる見方

　学力をどうとらえるかは，教育という営みにおいてどのような能力を育成すべきかという教育のねらいと密接に関連しています。古くから行われている議論の一つが，実質陶冶と形式陶冶の考え方です。**実質陶冶**では，日常生活を送るために必要な読み書き計算などの基礎的な技能や，社会や科学に関する基本的な知識を教えることを重視します。一方，思考力や記憶力といった抽象的な知的能力を，古典的な学問（幾何学やラテン語などに代表される）を通じて身につけさせようとするのが，**形式陶冶**の考え方です。身につけた抽象的能力は他の場面でも発揮されることが期待されます。心理学では学習の転移の問題として実証的な検討が続いていますが，そうした転移は簡単には起こらないことも報告されています。ただし，思考力などの高度な知的能力の育成が重要であることは確かなため，学習の転移が起こる条件を明

らかにし，具体的な教育方法に結びつけていくことが引き続き求められます。

20世紀後半には，学力を知識・技能に限定すべきだという考え方と，未来の社会を生き抜くために，思考力などの抽象的な能力，そして学習への意欲や態度といった，いわば資質とも呼べる要素を含め学力を広くとらえようとする考え方が議論されてきました。21世紀の現代では，知識を習得するだけでなく，知識を活用して課題を解決したり新たな価値を創造したりするための高度で汎用的な資質・能力への要求が高まっており，学力を広い意味でとらえようとする動きが先進諸国を中心に急速に広まっています。世界各国やOECDなどの機関からは，どのようなコンピテンシー（資質・能力）が必要かについて多くの枠組みが提示されてきました。独立した国際組織であるカリキュラム・リデザイン・センター（Center for Curriculum Redesign：CCR）は，それらの既存の枠組みを分析・統合して，21世紀の学習者に必要とされる教育目標を「知識」「スキル」「人間性」「メタ学習」の4つの次元によって構成される枠組みとして提示しています（図11.1）。

この枠組みにみられるように，従来のカリキュラムで重視されてきた「**知識**」に加えて，知識を活用する「**スキル**」の育成や，課題に向き合い社会に参加するための「**人間性**」の育成が，21世紀の教育目標として世界的に重要視されていることがわかります。知識を活用する具体的なスキルとして各国は多くのスキルを示していますが，CCRは批判的思考スキル，創造的思考スキルといった思考スキルと，それらの思考活動を他者との交流を通じて行うためのコミュニケーションスキルや協働のスキルに焦点を当てて整理しています。「**メタ学習**」は，知識，スキル，人間性とは異なる次元として明確に位置づけるべきとして，自らの学習を振り返り調整を行うメタ認知や，自らの成長を信じて努力を続ける成長的思考態度を含めています。

わが国では，2017年に改訂された学習指導要領の中で，学校教育において育成すべき資質・能力を「知識及び技能」「思考力，判断力，表現力等」「学びに向かう力，人間性等」の3つの柱によって整理しました。指導要領の改訂に先立ち中央教育審議会から出された答申では，「思考力，判断力，

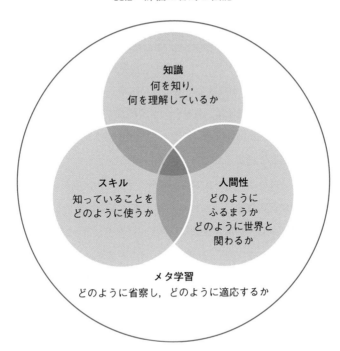

図 11.1　**21 世紀の教育目標をとらえる枠組み（CCR による）**
（ファデル他，2016）

表現力等」は「理解していることできることをどう使うか」という知識や技
能の活用が含意されていることから，CCR の枠組みにおける「スキル」に
対応しているとみることができます。「学びに向かう力，人間性等」のうち
学びに向かう力は，「メタ学習」に対応しているととらえることができます
（コラム 11.1）。

11.2　評価の目的と機能

　教育場面で児童・生徒の学力や学習の評価を行う目的は，大きく 3 つに整
理できます。1 つめは，児童・生徒自身が学習の達成状況を把握し，学習の

コラム 11.1　観点別学習状況の評価

　児童生徒に対する指導のプロセスとその評価結果について，学校では「指導要録」と呼ばれる記録簿を作成し保存することが，法律によって義務づけられています。評価は，各教科の学習状況を学習指導要領に示す目標に照らして観点ごとに分析的に把握する「観点別学習状況の評価」と，学習状況の総括的な把握としての「評定」，そしてこれらでは示しきれない一人ひとりの児童・生徒の具体的な状況は「個人内評価」で実施します。

　観点別学習状況の評価は，2017 年の学習指導要領の改訂に合わせて，「知識・技能」「思考・判断・表現」「主体的に学習に取り組む態度」の 3 つの観点に整理されました。「知識・技能」の評価では，各教科の基礎的基本的な知識・技能が，他の学習や生活の場面でも活用できるよう理解を伴って身についているかを評価することが求められています。「思考・判断・表現」の評価では，各教科等の知識や技能を活用して，課題を解決するための思考力，判断力，表現力が身についているかを評価します。応用的な問題の解決にとどまらず，自ら課題を発見して設定し，計画を立てて解決を実行し分析・考察していく過程を含めて評価を行っていくことが求められています。「主体的に学習に取り組む態度」の評価では，①学習に対して粘り強い取組みを行おうとする側面と，②自らの学習を調整しようとする側面，の 2 つの側面から評価することが求められています。

　観点別学習状況の評価を具体的に実施する方法や場面についても，工夫改善を行うことが求められています。いわゆるペーパーテストだけでなく，多様な学習活動（説明や発表，グループでの話し合い，レポートの作成や，作品の制作など）に取り組ませ，ねらいとした資質・能力の形成がどのように進んでいるか，といった視点から評価を行っていくことが期待されています。

改善に生かす目的です。2つめは，教師が自身の指導方法を評価しその改善に生かす目的です。そして3つめは，教育政策（たとえば少人数学級の導入，新しいカリキュラム，専科教員の配置など）の評価と改善に生かす目的です。

　2017年に改訂された学習指導要領では，各教科の学習を通して育成を目指す資質・能力がより一層明確に示されました。そして，学習指導によって児童・生徒にどのような力が身についたか的確に把握し，把握したことを指導に生かす，いわゆる「**指導と評価の一体化**」をさらに進めることが期待されています。また，教師レベルの授業改善にとどまらずに，教育課程全体の実施状況を評価し改善を図る「**カリキュラム・マネジメント**」を学校全体で行うことで教育活動の質を向上させていくことが望まれています。こうした教育をめぐる動きから，教育活動における学習評価の重要性がより一層高まってきているといってよいでしょう。

　次に，評価が学習指導に果たす役割についてみていきます。アメリカの教育心理学者であるブルーム（Bloom, J. S.）は，評価の機能を，診断的評価，形成的評価，総括的評価の大きく3つに分類しています。まず，**診断的評価**は，学習者の適性や学習の準備状態（レディネス）を学習指導に先立って事前に把握し，指導に生かすといったねらいがあります。たとえば割り算の単元に入る前に，割り算の学習で必要になる，掛け算の意味や計算ができるかを確認するために子どもたちに質問したりテストしたりするといった評価活動が診断的評価です。

　形成的評価は，学習指導の途中段階で学習の状況を確認し，指導の軌道修正や改善を行う働きがあります。具体的には，単元の途中で小テストを行ったり，授業での発言やノートの様子，あるいは宿題への取組み状況を把握するなど，多様な側面から情報を収集します。そして，理解度が十分でない箇所に対して説明を補ったり，練習問題に取り組ませたりなど，評価結果を活かして学力形成に必要な学習指導を実践するための評価活動です。**総括的評価**は，学習の締めくくりの時期（単元の終わりや，学期末，学年末など）に，学習の達成状況を把握する目的で行われます。

　ブルームの理論については，近年見直しの議論も行われ新たな発展がみられます。とくに重要なものとして，形成的評価は教師の指導改善だけでなく子ども自身による学習改善にも役立てるべきだという主張があります。言うまでもなく学習の主体は教師ではなく子どもです。学習段階における評価は教師が行うだけでなく，子ども自身にも情報を共有して学習の改善に結びつけられるような支援が求められます。その際の重要なポイントは，小テスト，授業中の発言，授業終末時の振り返りなど，学習段階での評価を最終的な成績評価に組み入れないことと，そうした方針を学習者に明確に伝えることです。学習段階ではよくわからないこと，うまくできないことなど，つまずきが生じることは当然起こり得ます。そうしたつまずきに対して，学習者自身が目をそらさずに向き合うことが，学習の改善につながるわけです。しかし，もし学習段階での評価が最終的な成績評価に反映されてしまえば，自分の間違いを正解に書き換えてつまずきをなかったことにしてしまったり，本当はよくわからない部分があるにもかかわらず「全部わかった」と，偽りの自己評価を行ってしまうことが予想されます。

　他に，指導によって目指したことつまり教育目標と評価方法を適切に対応させることも重要です。たとえば，社会科の授業で「歴史の流れを理解すること」を目指して指導を行ってきたにもかかわらず，テストでは個別の出来事が起きた年号や人物名を答えさせる問題で評価しているケースがあります。あるいは，算数・数学の授業で「考え方や解き方を理解することが大切」と言ってきたにもかかわらず，それらを書くスペースがほとんどなく最終的な計算結果が合っているかどうかで評価するといったことです。こうしたミスマッチがあると，学習者は「年号の丸暗記さえしておけばいい」「最後の答えが合っていればいい」と考えがちです。つまり，評価には，児童・生徒の学習行動を方向づける機能があるということです。村山（2003）は，中学 2 年生を対象とした社会科授業において，テスト形式の違い（空所補充式と記述式）が学習方略（丸暗記と意味理解）の使用の違いに影響を与えることを明らかにしています（**コラム 11.2**）。

コラム 11.2　インフォームドアセスメントとその効果

　学習者がテストなどの評価結果を活用して，自らの学習改善につなげていくことは大変重要ですが，必ずしも，実際の教室場面において児童生徒がテスト結果を十分に活用できているというわけではありません。

　こうした問題に対して有効と考えられる手立ての一つに，インフォームドアセスメントという評価に対する考え方があります。**インフォームドアセスメント**とは，評価の目的や基準に関して，評価実施者と受け手との間にしっかりとした知識の伝達・合意がなされているような評価のありかたのことを指します（村山，2006）。

　インフォームドアセスメントの実践研究として，鈴木（2011）は，中学生を対象に毎回の授業に確認テスト（評価）を取り入れた数学の実験授業を行い，評価の目的および評価基準を知らせたグループと知らせないグループにどのような違いがみられるか検討を行っています。具体的には，確認テストの目的は自らの理解度を確認してより高いレベルに達するためのものであり，生徒間の順位の比較が目的ではないことと，5段階に設定した評価基準を生徒たちに説明しました。その結果，知らせたグループのほうが知らせなかったグループよりも「テストは学習を改善するためのものである」というテストに対する考え方（改善テスト観）が高まったこと，そして，最終日の総合テストで高い成績を収めたことが明らかになりました。そして，改善テスト観の高い学習者ほど内発的動機づけが強く，学習内容の理解を重視した学習方略を授業で用いようとしていたことを質問紙調査によって示しています。

　評価結果を学習者自身の学習改善に活用していくためには，教師が設定した評価の目的や評価基準を，児童生徒にきちんと伝え理解させていくことが重要といえます。

11.3 評価の方法

11.3.1　評価方法の種類と特徴

　教育場面で実際に行われている評価方法を便宜的に2つに分類すると，○×で採点可能なタイプと，そうではないタイプに分けることができます。

　○×で採点できるタイプには，いわゆる穴埋め問題や一問一答問題，多肢選択問題などがあります。これらは，あらかじめ定められた正解と学習者の解答が一致しているかどうかによって判断することができます。また，計算問題も，計算結果（答え）が正解と一致しているかどうかで判断されます。これら○×によって採点を行う評価方法は，誰が採点しても一致した結果になることから，評価の信頼性が高いといった利点があるといえます。その一方で，測定できる学力としては，用語や語句といった知識の単純な定着や，計算手続きの実行といった，浅いレベルの理解や技能にとどまっているといった問題点もあります。

　一方，記述問題やレポートなどは，通常は，○×による採点は行われず，A，B，Cなどの段階評価や得点による数値評価が行われます。学習者が理解していることや考えたことなどを一定の分量で自由に記述させることができるため，深いレベルの理解や思考プロセスなどをより詳細に評価できる利点があります。また，音楽や体育，あるいは図工や家庭科などの技能系教科では，筆記テストでは測定することが難しい技能の習得状況を，実技テストを行ったり製作物を提出させたりして評価を行います。新しいアプローチとして，ポートフォリオによる評価も行われるようになってきています。

　ただし，記述問題やレポート，実技テスト，製作物，ポートフォリオには，あらかじめ定められた唯一の正解があるというわけではありません。そのため，評価の観点や基準を明確にして評価者間や評価者と学習者との間で共有し，評価の客観性や透明性を確保することが望まれます。

11.3.2　評価規準——集団準拠型評価・目標準拠型評価・個人内評価

　学力の測定結果を評価する際，何を規準にするかすなわち評価規準の違いによって，集団準拠型評価，目標準拠型評価，個人内評価に分けることができます。

　集団を規準にして個人の結果を評価することを，**集団準拠型評価**あるいは**相対評価**と呼びます。たとえば「今回は良い成績だった」という場合，他の人と比べて良い，クラスの平均と比べて良いなどの意味で「良い成績」という表現を用いているならば，それは集団の中での相対的な位置や序列による判断であり相対評価的な見方といえます。わが国の小・中学校の通知表や指導要録は，2001年の指導要録改訂まで5段階相対評価による評定が行われていました。具体的には，クラスの上位7%の児童・生徒が「5」，次の24%が「4」，そしてその次の38%が「3」，次の24%が「2」，最後の7%が「1」の評定をつけるということです。また，受験などに用いられる学力偏差値も，相対評価的な指標の一つです。偏差値は，個人の得点を変換して，集団の平均を「50」，標準偏差を「10」とした場合の相対的な位置を知ることができます。そのため，受験などの選抜場面では有用な評価といえます。しかし，集団内の他者の状態の影響を受けるため，学力の実態を適切に評価できないおそれもあります。たとえば，ある子どもの成績得点が向上したとしても周りの人たちも同様に向上すれば，相対的な位置としては変化がみられないでしょう。

　他方，個人の結果について，教育目標に照らした達成度として評価することを，**目標準拠型評価**と呼びます。たとえば，掛け算の学習において，「掛け算九九の結果を唱えることができる」「掛け算の意味（同じ数を繰返し足し合わせること）について具体例を用いて説明することができる」などの具体的な到達目標基準を設定します。そして，「めぐみさんは，掛け算九九の結果を唱えることはできるが，掛け算の意味を説明することはできていない」といったように，設定した目標と照らし合わせて評価を行います。目標準拠型評価においては，教育目標を客観的に明確化して評価基準を具体的に

設定し，評価が主観的な判断に陥らない工夫が求められます。

　集団準拠型評価も目標準拠型評価も，評価の規準は個人の外部に存在していました。一方，そうした外部の規準ではなく，過去の本人の状態と比較して達成の度合いを評価することがあり，個人内評価と呼ばれます。たとえば，「たろうくんは，1 学期の始めは漢字テストが 40 点だったけど，1 学期の終わりには 70 点で，30 点も伸びた」といったように，個人内評価では一人ひとりの伸びや成長を積極的に評価することができる利点があります。ただし，70 点という得点について，学年に相応の学力が身についていると判断できるかどうかは，別に検討する必要があります（コラム 11.3）。

11.3.3　評価の主体──他者評価・自己評価・相互評価

　評価には，誰が主体となって評価するかによる違いもあります。他者評価は，評価を受ける学習者以外の他者が評価を行うことです。たとえば，学校で行われるテストでは，先生が採点して評価する他者評価が一般に広く行われています。一方，学習者本人が自分自身を評価することを自己評価と呼びます。たとえば，宿題や小テストなどを自己採点し評価することは，広く行われています。その際に，学習成果を自分自身で振り返って評価することにより，主体的に学習へ取り組む態度の育成につなげることが期待できます。また，継続的に取り組むことによって，何ができて何ができなかったのかといった，メタ認知の育成につなげることもできるでしょう。ただし，メタ認知の発達が十分でない学習者や，良い評価を得たいという気持ちが強すぎる学習者などでは，自己評価が甘くなり正確さが十分でなくなる恐れに注意する必要があります。

　近年の学校場面では，学習者どうしが学習成果を互いに評価する，つまり相互評価もみられるようになってきています。たとえば，図画工作で作った作品を互いに見合ったうえで，小さなカードにコメントを書いて，クラスメートからもらったカードと共に作品を展示するといった取組みがなされることがあります。このような学習者どうしが互いに評価し合うことの利点は，

コラム11.3　資質・能力を育むための目標準拠型評価

　2001年の指導要録改訂以降，日本の学校教育における評価は，それまでの集団準拠型評価から目標準拠型評価に変更されました。具体的な評価について，「観点別学習状況」の評価では，学習指導要領に示された各教科の目標に照らして，その実現状況を観点ごとに評価し，A：「十分満足できる」，B：「おおむね満足できる」，C：「努力を要する」の3段階で指導要録に記入することが求められています。観点別学習状況とは別に「評定」の記入も求められます（小学校第3学年以上）。評定は，各教科の状況を総括的に評価するものとされ，観点別学習状況を基本要素としつつ，その決定方法は各学校に委ねられています。小学校では，3：「十分満足できる」，2：「おおむね満足できる」，1：「努力を要する」，中学校では，5：「十分満足できるもののうち，特に程度が高い」，4：「十分満足できる」，3：「おおむね満足できる」，2：「努力を要する」，1：「一層努力を要する」の5段階で指導要録に記入します。

　「観点別学習状況」「評定」共に，一人ひとりの児童生徒の学習の達成度をきめ細かにとらえることにより，資質・能力を育成するための具体的な学習や指導の改善に生かす役割が期待されています。しかし，現状では児童生徒や保護者にそうした趣旨が十分に浸透しているとは言い難い状況です。その一因に，学校の評価（評定）が，長らく高校入試や大学入試の選抜と結びつき，集団の中での序列を表す相対評価が中心であったことの影響が指摘されています。児童生徒や保護者に対して，学校において目標準拠型の学習評価をなぜ行うのか，その目的やねらいを説明し，評価結果を学習改善に生かす指導をより一層充実していくことが引き続き求められます。

友だちから肯定的な評価を受けたり，あるいは友だちの頑張りを目の当たりにしたりすることで，意欲がさらに高まることです。ただし，相互評価がこのようにうまく機能するためには，学習者間の人間関係が良好で，評価の目的が批判や攻撃ではなく，学習の改善であることを理解していることが重要な条件となります。

11.4　評価方法の質を検討する視点

　教育場面では，多様な評価方法によって評価が行われます。その際，評価方法の質という視点から検討して，適切に用いられることが重要です。西岡（2015）は，妥当性，信頼性，カリキュラム適合性，比較可能性，公正性，実行可能性を視点として挙げています。ここでは，妥当性と信頼性そして公正性について説明します。

11.4.1　妥当性と信頼性

　妥当性とは，ある能力・特性を測ろうとしたときに，その評価方法がどれくらい適切にその能力・特性を測ることができているかということです。たとえば，小学校算数の学力を評価するときに，計算問題だけで作られたテストは妥当性が高いとはいえません。小学校算数には，計算だけでなく文章題や図形といった内容も含まれるためです。すなわち，算数の学力は，計算力，文章題解決力，図形問題解決力から構成されていると考えることができます。このように，ある評価方法が，測定しようとしている概念を適切に反映しているかどうかという意味での妥当性のことを**構成概念妥当性**と呼びます。

　信頼性とは，ある能力・特性を測ろうとしたときに，その評価方法による評価結果がどれくらい安定して再現されるかということです。たとえば，評価者によって大きく異なる評価結果になる場合や，同じ評価者でも時間をおいて再び評価すると異なる評価結果になる場合は，信頼性が高いとはいえません。そこで，評価の観点や採点基準をあらかじめ明確にして評価を行うこ

とが求められます。

11.4.2 公正性

　妥当性や信頼性とは別に，評価には公正であること（**公正性**）が求められます。本来，評価の対象にはなっていない属性や特性によって，評価結果が不当に有利になったり不利になったりしない，つまりバイアスを受けないことが公正な評価です。しかし，実際にはさまざまなバイアスが生じることが知られています。その一つに，**ハロー（光背）効果**があります。これは，評価の対象者のある特性が優れていると，他の特性も優れているように感じられ高い評価を与えることです。たとえば，作文課題で字がきれいに書かれていると，書かれている内容についても高く評価してしまうといったことです。文字のきれいさと作文内容の出来具合とは，本来は関連していないはずです。

　こうしたハロー効果を防ぐためには，作文課題の場合，手書きではなくパソコン等で作成した文章を評価するといった方法が考えられます。しかし，手間や時間がかかるため，現実的にはなかなか難しい側面もあります。少なくとも，こうしたハロー効果の影響を受けて評価を不当にゆがめたものにしていないか，評価者自身が確認する姿勢を持って評価を行うことが重要です。

11.5 新しい学力評価の方法

　学力に対する考え方の変化に伴って，多くの新しい評価方法が提案されています。とくにこれからの学力の中核とされる「思考力，判断力，表現力」や，「主体的に学習に取り組む態度」は，「知識・技能」に比べて測定が難しいことが知られています（**表11.1**；市川，2002）。ここでは，「思考力・判断力・表現力」を従来の学力テストとは異なるアプローチで評価する方法について，算数・数学を事例に，パフォーマンス評価課題と算数・数学構成要素型テストCOMPASSを紹介します。

　パフォーマンス評価は，課題に取り組むときの振る舞い（パフォーマン

表 11.1　**学力の二元的分類**（市川，2002）

	測りやすい力	測りにくい力
学んだ力	知識 （狭義の）技能	読解力，論述力 討論力，批判的思考力 問題解決力，追究力
学ぶ力		学習意欲，知的好奇心 学習計画力，学習方法 集中力，持続力 （教わる，教え合う，学び合うときの） コミュニケーション力

　子ども会でハイキングに行ったところ，ある地点でコースが二手に分かれていました。さつきコースが全長 3 km で，けやきコースは全長 5 km です。どちらのコースをとってもレストハウスへ行けます。そこで 2 つのグループに分かれて，レストハウスで合流することにしました。ゆう子さんのグループは，さつきコースにしました。あきお君のグループはけやきコースにしました。

　10 時に二手に分かれて，ゆう子さんのグループがレストハウスについたのは 11 時でした。その時，あきお君たちのグループはまだ到着していませんでした。「距離が長いから当然だね。あきお君たちが着くまでどのくらいの時間がかかるのかはかってみよう。」ということで，時間をはかっていたら，30 分後にあきお君のグループがレストハウスに到着しました。ゆう子さんはあきお君に「どこかで休憩していたの ?」と聞きました。あきお君は「休憩なんかしてないよ。ずっと歩いていたんだよ。」と答えました。どちらのグループも休憩したりせず，一定の速さで歩いていました。

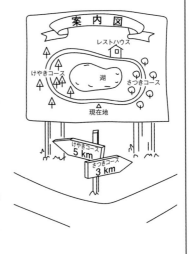

　そこで，みんなはどちらのグループのほうが速く歩いたのか知りたくなりました。あなたは，どちらが速く歩いたと思いますか。考えたこととその理由を書いてください。

図 11.2　**パフォーマンス課題例**（松下，2007）

ス）から学力や能力を評価する方法で，知識の活用，応用，統合をどのように達成できているか把握することを目的としています。たとえば，松下（2007）は算数の学力を評価するパフォーマンス課題を紹介しています（図11.2；松下，2007）。現実世界の場面において算数・数学的知識を活用して解決することが求められる文章題を提示し，十分な時間をかけて取り組ませ，問題を解くときの思考プロセスを自由に記述させます。そして，解答記述をルーブリックに基づいて，学習者の理解度や技能の定着度などを評価していきます。**ルーブリック**とは，評価の際に参照する**評価規準**（評価の観点）および**評価基準**（目標の達成度合い）や，具体的な記述例あるいは実演例を整理したもののことです。ルーブリックを参照して評価を行うことで，客観性を確保することができるとされています。パフォーマンス評価は，学習者が実際に行った問題解決のパフォーマンス全体から，学力の構成要素ごとに評価していく方法といえます。

　一方，数学的問題解決プロセスに必要な学力の構成要素（コンポーネント）を，それぞれの要素ごとに課題として設定する評価方法が開発され，**算数・数学構成要素型テスト COMPASS**（componential assessment）と呼ばれています（市川他，2009；植阪他，2014）。**図 11.3** は，数学の問題を解くときの認知プロセスと，各プロセスを遂行するために必要な下位の知識・技能をコンポーネントとして整理したものです。これまでの数学のテストは，「数と式」「方程式」「関数」「図形」といった数学的な分類による領域別の問題が設定されていましたが，COMPASS では領域に共通して必要と考えられる学力要素を診断します。具体的に，数学の問題解決では，まず問題文に出てくる数学的な用語を理解していることが必要です。たとえば，公倍数，比例，垂直二等分線などです。こうした用語の理解が十分でない場合，問題文が理解できず，数学のつまずきの一因になります。こうしたつまずきは，数学の領域によらず共通してみられることが多い傾向にあります。COMPASSは，認知的プロセスに基づいて領域横断的に，学習者のつまずきを把握するテストといえます。

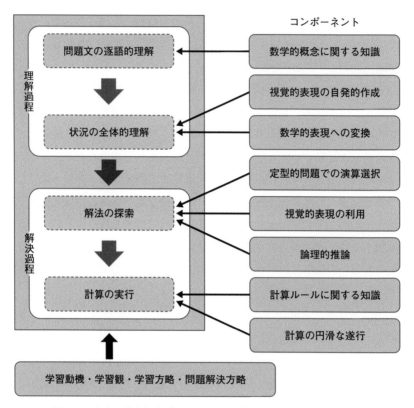

図 11.3　**数学の問題解決プロセスとコンポーネント**（市川他，2009）

参 考 図 書

西岡　加名恵・石井　英真・田中　耕治（編）（2015）．新しい教育評価入門──人
　　を育てる評価のために──　有斐閣

　　教育評価に関する主要理論や歴史的な変遷がまとめられていて，専門的に学ぶ
ための入門書になっています。コラムでは，実際の評価場面において生じる疑問
が主に取り上げられていて，実践の参考になるでしょう。

佐藤　浩一（編著）（2013）．学習の支援と教育評価──理論と実践の協同──
　　北大路書房

　　パフォーマンス評価の理論的な解説と実践事例が，それぞれ第8章と第10章に
まとめられています。パフォーマンス課題におけるルーブリックがどのように作
成可能か，社会科や体育科の事例を通して具体的に理解することができます。

キーワード

実質陶冶　形式陶冶　知識　スキル　人間性　メタ学習　観点別学習状況の評価
指導と評価の一体化　カリキュラム・マネジメント　診断的評価　形成的評価
総括的評価　インフォームドアセスメント　集団準拠型評価　相対評価　目標準
拠型評価　他者評価　自己評価　相互評価　妥当性　構成概念妥当性　信頼性
公正性　ハロー（光背）効果　パフォーマンス評価　ルーブリック　評価規準・評
価基準　算数・数学構成要素型テスト COMPASS

引用文献

第1章

市川 伸一（2002）．学力低下論争　筑摩書房

市川 伸一（2014）．学力と学習支援の心理学　放送大学教育振興会

第2章

Atkinson, R. C., & Shiffrin, R. M.（1968）. Human memory：A proposed system and its control process. In K. W. Spence, & J. T. Spence（Eds.）, *The psychology of learning and motivation.* Vol. 2（pp. 90-197）. New York, NY：Academic Press.

Baddeley, A. D.（2000）. The episodic buffer：A new component of working memory? *Trends in Cognitive Sciences, 4,* 417-423.

Bower, G. H., Clark, M. C., Lesgold, A. M., & Winzenz, D.（1969）. Hierarchical retrieval schemas in recall of categorized word lists. *Journal of Verbal Learning and Verbal Behavior, 8,* 323-343.

Bransford, J. D., & Stein, B. S.（1984）. *The ideal problem solver : Guide for improving thinking, learning and creativity.* New York, NY：Freeman and Company.
（ブランスフォード，J. D.・スタイン，B. S.　古田 勝久・古田 久美子（訳）（1990）．問題解決のノウハウ　頭の使い方がわかる本──問題点をどう発見し，どう解決するか── HBJ出版局）

Collins, A. M., & Loftus, E. F.（1975）. A spreading-activation theory of semantic processing. *Psychological Review, 82,* 407-428.

Craik, F. I. M., & Lockhart, R. S.（1972）. Levels of processing：A framework for memory research. *Journal of Verbal Learning and Verbal Behavior, 11,* 671-684.

Craik, F. I. M., & Tulving, E.（1975）. Depth of processing and retention of words in episodic memory. *Journal of Experimental Psychology : General, 104,* 268-294.

西林 克彦（1994）．間違いだらけの学習論──なぜ勉強が身につかないか── 新曜社

瀬尾 美紀子（2019a）．教訓帰納は学校でどう指導できるか　市川 伸一（編）教育心理学の実践ベース・アプローチ──実践しつつ研究を創出する──（pp. 171-184）　東京大学出版会

瀬尾 美紀子（2019b）．子どもの自己調整学習力を育てる学習法講座——小学校における実践可能性に関する検討—— 日本女子大学総合研究所紀要，*22*, 137-145.

Seo, M., Wang, M., Ishizaki, T., Uesaka, Y., & Ichikawa, S.（2017）. Development and improvement of a learning strategy use enhancement program：Use of lesson induction and elaboration strategies. In E. Manalo, Y. Uesaka, & C. Chinn（Eds.）, *Promoting spontaneous use of learning and reasoning strategies : Theory, research, and practice for effective transfer*（pp. 226-241）. London & New York：Routledge.

第3章

秋田 喜代美（1988）．質問作りが説明文の理解に及ぼす効果 教育心理学研究，*36*, 307-315.

Ausubel, D. P.（1960）. The use of advance organizers in the learning and retention of meaningful verbal material. *Journal of Educational Psychology*, *51*, 267-272.

Bransford, J. D., & Johnson, M. K.（1972）. Contextual prerequisites for understanding：Some investigations of comprehension and recall. *Journal of Educational Psychology*, *90*, 261-278.

Clement, J.（1982）. Students preconceptions in introductory mechanics. *American Journal of Physics*, *50*, 66-71.

Guthrie, J, T., Van Meter, P., Hancock, G., Alao, S., Anderson, E., & McCann, A.（1998）. Dose concept-oriented reading instruction increase strategy use and conceptual learning from text? *Journal of Educational Psychology*, *90*, 261-278.

市川 伸一（1995）．学習と教育の心理学 岩波書店

犬塚 美輪（2002）．説明文における読解方略の構造 教育心理学研究，*50*, 152-162.

犬塚 美輪（2010）．文章の理解と産出 市川 伸一（編）発達と学習（pp. 201-226） 北大路書房

石田 潤・桐木 建始・岡 直樹・森 敏昭（1982）．文章理解における要約作業の機能 教育心理学研究，*30*, 322-327.

Kintsch, W.（1998）. *Comprehension : A paradigm for cognition*. New York, NY：Cambridge University Press.

麻柄 啓一・進藤 聡彦・工藤 与志文・立木 徹・植松 公威・伏見 陽児（2006）．学習者の誤った知識をどう修正するか——ル・バー修正ストラテジーの研究—— 東北大学出版会

Palincsar, A. S., & Brown, A. L.（1984）. Reciprocal teaching of comprehension-fostering and comprehension monitoring activities. *Learning and Instruction*, *1*, 117-175.

進藤 聡彦（1995）．誤法則を明確化する先行課題が法則の修正に及ぼす効果 教育心理学研

究，*43*, 266-276.

高垣 マユミ・田原 裕登志（2005）．相互教授が小学生の電流概念の変容に及ぼす効果とそ
のプロセス　教育心理学研究, *53*, 551-564.

Vosniadou, S., & Brewer, W.（1992）. Mental models of the earth：A study of conceptual
change in childhood. *Cognitive Psychology, 24*, 535-585.

第4章

Fuchs, L. S., Fuchs, D., Prentice, K., Hamlett, C. L., Finelli, R., & Courey, S. J.（2004）. Enhanc-
ing mathematical problem solving among third-grade students with schema-based instruc-
tion. *Journal of Educational Psychology, 96*, 635-647.

Hegarty, M., Mayer, R. E., & Monk, C. A.（1995）. Comprehension of arithmetic word prob-
lems：A comparison of successful and unsuccessful problem solvers. *Journal of Educa-
tional Psychology, 87*, 18-32.

市川 伸一（1991）．実践的認知研究としての認知カウンセリング　箱田 裕司（編）認知科
学のフロンティア I（pp. 134-163）　サイエンス社

市川 伸一・南風原 朝和・杉澤 武俊・瀬尾 美紀子・清河 幸子・犬塚 美輪・村山 航・植
阪 友理・小林 寛子・篠ヶ谷 圭太（2009）．数学の学力・学習力診断テスト COMPASS
の開発　認知科学, *16*, 333-347.

石田 淳一・多鹿 秀継（1993）．算数文章題における解決過程の分析　科学教育研究, *17*,
18-25.

Jitendra, A. K., Griffin, C. C., Haria, P., Leh, J., Adams, A., & Kaduvettoor, A.（2007）. A compar-
ison of single and multiple strategy instruction on third-grade students' mathematical prob-
lem solving. *Journal of Educational Psychology, 99*, 115-127.

Jitendra, A. K., Star, J. R., Rodriguez, M., Lindell, M., & Someki, F.（2011）. Improving students'
proportional thinking using schema-based instruction. *Learning and Instruction, 21*, 731-
745.

栗山 和広（2007）．割合概念における構成要素の同定　九州保健福祉大学研究紀要, *8*,
9-14.

栗山 和広（2011）．割合の学習以前に子どもがもつインフォーマルな知識　愛知教育大学研
究報告, *61*, 83-88.

Mayer, R. E.（1992）. *Thinking, problem solving, cognition*（2nd ed.）. New York, NY：Freeman.

岡本 真彦（1992）．算数文章題の解決におけるメタ認知の検討　教育心理学研究, *40*, 81-
88.

Polya, G.（1945）. *How to solve it*. Princeton, NJ：Princeton University Press.
（ポリア，G. 柿内 賢信（訳）（1954）．いかにして問題をとくか　丸善）

Schoenfeld, A. H.（1985）. *Mathematical problem solving*. New York, NY：Academic Press.

瀬尾 美紀子（2010）. 数学的問題解決とその教育　市川 伸一（編）発達と学習（pp. 227-251）　北大路書房

進藤 聡彦・守屋 誠司（2015）. 割合に関する問題解決の困難さ——数直線の把握の観点から——　日本教育心理学会第 57 回総会発表論文集，605.

植阪 友理・鈴木 雅之・清河 幸子・瀬尾 美紀子・市川 伸一（2014）. 構成要素型テスト COMPASS に見る数学的基礎学力の実態——「基礎基本は良好，活用に課題」は本当か——　日本教育工学会論文誌，*37*, 397-417.

第 5 章

Ames, C.（1992）. Classrooms：Goals, structures, and student motivation. *Journal of Educational Psychology, 84*, 261-271.

Atkinson, J. W.（1964）. *An introduction to motivation*. Princeton, NJ：Van Nostrand.

Bandura, A.（1977）. Self-efficacy：Toward a unifying theory of behavioral change. *Psychological Review, 84*, 191-215.

Deci, E. L.（1971）. Effects of externally mediated rewards on intrinsic motivation. *Journal of Personality and Social Psychology, 18*, 105-115.

Deci, E. L., Koestner, R., & Ryan, R. M.（1999）. A meta-analytic review of experiments examining the effects of extrinsic rewards on intrinsic motivation. *Psychological Bulletin, 125*, 627-668.

Dweck, C. S.（1986）. Motivational processes affecting learning. *American Psychologist, 46*, 1040-1048.

Greene, D., & Lepper, M. R.（1974）. Intrinsic motivation：How to turn play into work. *Psychology Today*, September, 49-54.

Harackiewicz, J. M., Barron, K. E., Carter, S. M., Lehto, A. T., & Elliot, A. J.（1997）. Predictors and consequences of achievement goals in the college classroom：Maintaining interest and making the grade. *Journal of Educational Psychology, 73*, 1284-1295.

市川 伸一（編著）（1993）. 学習を支える認知カウンセリング——心理学と教育の新たな接点——　ブレーン出版

市川 伸一（1995）. 学習と教育の心理学　岩波書店

市川 伸一（編著）（1998）. 認知カウンセリングから見た学習方法の相談と指導　ブレーン出版

市川 伸一（2001）. 学ぶ意欲の心理学　PHP 研究所

Lepper, M. R., Greene, D., & Nisbett, R. E.（1973）. Undermining children's intrinsic interest with extrinsic reward：A test of the "over justification" hypothesis. *Journal of Personality and Social Psychology, 28*, 129-137.

Meece, J. L., Blumenfeld, P. C., & Hoyle, R. H. (1988). Students' goal orientations and cognitive engagement in classroom activities. *Journal of Educational Psychology, 80*, 514-523.

Nolen, S. B. (1988). Reasons for studying : Motivational orientations and study strategies. *Cognition and Instruction, 5*, 269-287.

Pintrich, P. R. (2003). A motivational science perspective on the role of student motivation in learning and teaching contexts. *Journal of Educational Psychology, 95*, 667-686.

Ryan, R. M., & Deci, E. L. (2000). Self-determination theory and the facilitation of intrinsic motivation, social development, and well-being. *American Psychologist, 55*, 68-78.

Weiner, B. (1972). *Theories of motivation*. Chicago, IL : Rand McNally.
　　（ワイナー，B.　林 保・宮本 美沙子（監訳）(1989). ヒューマンモチベーション――動機づけの心理学――　金子書房）

Wolters, C. A., Yu, S. L., & Pintrich, P. R. (1996). The relation between goal orientation and students' motivational beliefs and self-regulated learning. *Learning and Individual Differences, 8*, 211-238.

第6章

秋田 喜代美（1988）. 質問作りが説明文の理解に及ぼす効果　教育心理学研究，*36*, 307-315.

藤村 宣之（2012）. 数学的・科学的リテラシーの心理学――子どもの学力はどう高まるか―― 有斐閣

深谷 達史（2011）. 科学的概念の学習における自己説明訓練の効果――SBF 理論に基づく介入―― 教育心理学研究，*59*, 342-354.

市川 伸一（1991）. 実践的認知研究としての認知カウンセリング　箱田 裕司（編）認知科学のフロンティアⅠ（pp. 134-163）　サイエンス社

市川 伸一（編著）(1993）. 学習を支える認知カウンセリング――心理学と教育の新たな接点――　ブレーン出版

市川 伸一・南風原 朝和・杉澤 武俊・瀬尾 美紀子・清河 幸子・犬塚 美輪・村山 航・植阪 友理・小林 寛子・篠ヶ谷 圭太（2009）. 数学の学力・学習力診断テスト COMPASS の開発　認知科学，*16*, 333-347.

Kinnunen, R., & Vauras, M. (1995). Comprehension monitoring and the level of comprehension in high- and low-achieving primary school children's reading. *Learning and Instruction, 5*, 143-165.

中川惠正研究室・富田 英司（編著）(2015）. 児童・生徒のためのモニタリング自己評価法――ワークシートと協同学習でメタ認知を育む――　ナカニシヤ出版

Nelson, T. O., & Narens, L.（1994）. Why investigate metacognition? In J. Metcalfe, & A. P. Shimamura（Eds.）, *Metacognition : Knowing about knowing*（pp. 1-25）. Cambridge, MA：MIT Press.

岡本 真彦（2012）. 教科学習におけるメタ認知——教科学習のメタ認知知識と理解モニタリング—— 教育心理学年報，*51*, 131-142.

Palincsar, A. S., & Brown, A. L.（1984）. Reciprocal teaching of comprehension fostering and comprehension monitoring activities. *Cognition and Instruction, 1*, 117-175.

三宮 真智子（2008）. メタ認知研究の背景と意義　三宮 真智子（編著）メタ認知——学習能力を支える高次認知機能——（pp. 1-16）　北大路書房

瀬尾 美紀子（2007）. 自律的・依存的援助要請における学習観とつまずき明確化方略の役割——多母集団同時分析による中学・高校生の発達差の検討—— 教育心理学研究，*55*, 170-183.

篠ヶ谷 圭太（2013）. 予習時の質問生成への介入および解答作成が授業理解に与える影響とそのプロセスの検討　教育心理学研究，*61*, 351-361.

鈴木 豪（2013）. 小・中学生の学習観とその学年間の差異——学校移行期の変化および学習方略との関連—— 教育心理学研究，*61*, 17-31.

Tajika, H., Nakatsu, N., Nozaki, H., Newman, E., & Maruno, S.（2007）. Effects of self-explanation as a metacognitive strategy for solving mathematical word problems. *Japanese Psychological Research, 49*, 222-233.

植木 理恵（2000）. 学習障害児に対する動機づけ介入と計算スキルの教授——相互モデリングによる個別学習指導を通して—— 教育心理学研究，*48*, 491-500.

植木 理恵（2002）. 高校生の学習観の構造　教育心理学研究，*50*, 301-310.

植木 理恵（2004）. 自己モニタリング方略の定着にはどのような指導が必要か——学習観と方略知識に着目して—— 教育心理学研究，*52*, 277-286.

植阪 友理・瀬尾 美紀子・市川 伸一（2006）. 認知主義的・非認知主義的学習観尺度の作成　日本心理学会第70回大会発表論文集，890.

山崎 晃男（2001）.「教訓」の提示または産出による類推的問題解決の促進　教育心理学研究，*49*, 21-30.

吉野 巖・島貫 静（2012）. 算数文章題解決におけるメタ認知能力の育成——小学校5年生「小数の割り算」の実践授業を通して—— 北海道教育大学紀要（教育科学編），*62*, 339-353.

第7章

ベネッセ教育総合研究所（2015）. 第5回学習基本調査報告書

市川 伸一（1989）. 認知カウンセリングの構想と展開　心理学評論，*32*, 421-437.

市川 伸一（編著）（1993）．学習を支える認知カウンセリング――心理学と教育の新たな接点―― ブレーン出版

市川 伸一（編著）（1998）．認知カウンセリングから見た学習方法の相談と指導 ブレーン出版

市川 伸一（2004）．学ぶ意欲とスキルを育てる――いま求められる学力向上策―― 小学館

市川 伸一（編著）（2017）．授業からの学校改革――「教えて考えさせる授業」による主体的・対話的で深い習得―― 図書文化

伊藤 崇達（2009）．自己調整学習の成立過程――学習方略と動機づけの役割―― 北大路書房

金城 光・清水 寛之（2009）．メタ記憶の生涯発達 清水 寛之（編著）メタ記憶――記憶のモニタリングとコントロール――（pp. 119-135） 北大路書房

Marton, F., & Säljö, R.（1976）. On qualitative differnces in learning：I-Outcome and process. *British Journal of Educational Psychology, 46*, 4-11.

Miller, P. H.（1994）. Individual differences in children's strategic behaviors：Utilization deficiencies. *Learning and Individual Differences, 6*, 285-307.

Newman, R. S.（2007）. The motivational role of the adaptive help seeking in self-regulated learning. In D. H. Schink, & B. J. Zimmerman（Eds.）, *Motivation and self-regulated learning : Theory, research, and applications*（pp. 315-338）. New York, NY：Lawrence Erlbaum Associates.

瀬尾 美紀子（2007）．自律的・依存的援助要請における学習観とつまずき明確化方略の役割――多母集団同時分析による中学・高校生の発達差の検討―― 教育心理学研究, *55*, 170-183.

瀬尾 美紀子（2008）．学習上の援助要請における教師の役割――指導スタイルとサポート的態度に着目した検討―― 教育心理学研究, *57*, 243-255.

瀬尾 美紀子（2019）．教訓帰納は学校でどう指導できるか 市川 伸一（編）教育心理学の実践ベース・アプローチ――実践しつつ研究を創出する――（pp. 171-184） 東京大学出版会

瀬尾 美紀子・石﨑 毅（2014）．中学生の自己調整学習力を育てる教育プログラムの開発――記憶の精緻化方略と教訓帰納方略の自発的利用の促進―― 日本教育心理学会総会発表論文集, *56*, 712.

瀬尾 美紀子・植阪 友理・市川 伸一（2013）．教訓帰納方略の自発的利用を促す学習法講座の試行的開発 日本教育心理学会総会発表論文集, *54*, 10.

Seo, M., Wang, M., Ishizaki, T., Uesaka, Y., & Ichikawa, S.（2017）. Development and improvement of a learning strategy use enhancement program：Use of lesson induction and elaboration strategies. In E. Manalo, Y. Uesaka, & C. Chinn（Eds.）, *Promoting spontaneous use of learning and reasoning strategies : Theory, research, and practice for effective transfer*（pp. 226-241）. London & New York：Routledge.

辰野 千壽（1997）. 学習方略の心理学――賢い学習者の育て方―― 図書文化社

植阪 友理（2010）. 学習方略は教科間でいかに転移するか――「教訓帰納」の自発的利用を 促す事例研究から―― 教育心理学研究, *58*, 80-94.

Zimmerman, B. J., & Schunk, D. H.（Eds.）（2011）. *Handbook of self-regulation of learning and performance.* New York, NY：Routledge.

第8章

権 裕善・藤村 宣之（2004）. 同年齢児童の協同はいつ有効であるのか――比例的推理の方 略レベルが異なるペアの相互作用―― 教育心理学研究, *52*, 148-158.

伊藤 貴昭・垣花 真一郎（2009）. 説明はなぜ話者自身の理解を促すか――聞き手の有無が 与える影響―― 教育心理学研究, *57*, 86-98.

小林 寛子（2009）.「仮説評価スキーマ」教示と協同活動が科学的な法則や理論の理解と観 察・実験スキルの向上に与える影響 教育心理学研究, *57*, 131-142.

町 岳（2009）. 協同学習に抵抗感を示す児童をどう支援するかⅡ――担任がとらえた協同学 習に抵抗感を示す児童の理由―― 日本教育心理学会総会発表論文集, *51*, 244.

町 岳・中谷 素之（2014）. 算数グループ学習における相互教授法の介入効果とそのプロセ ス――向社会的目標との交互作用の検討―― 教育心理学研究, *62*, 322-335.

長濱 文与・安永 悟・関田 一彦・甲原 定房（2009）. 協同作業認識尺度の開発 教育心理 学研究, *57*, 23-37.

Roscoe, R. D., & Chi, M. T. H.（2007）. Understanding tutor learning：Knowledge-building and knowledge-telling in peer tutors' explanations and questions. *Review of Educational Research, 77*, 534-574.

Schunk, D. H., & Hanson, A. R.（1985）. Peer models：Influence on children's self-efficacy and achievement. *Journal of Educational Psychology, 77*, 313-322.

瀬尾 美紀子（2017）. 授業中の「学び合い」に対する態度――測定尺度の開発と中学校教育 への応用実践―― 植阪 友理・Emmanuel Manalo（編）心理学から21世紀型スキル の育成を考える――文部科学省科学研究費補助金（基盤研究A課題番号15H01976）研 究成果報告書――(pp. 10-15)

高垣 マユミ・田爪 宏二・森本 信也・加藤 圭司（2008）.「仮説検証型の問題思考の討論」 を導入したグループの協同学習における概念変化過程の事例的検討 教授学習心理学研 究, *4*, 17-28.

第9章

秋田 喜代美（1988）．質問作りが説明文の理解に及ぼす効果　教育心理学研究，*36*, 307-315.

Ausubel, D. P.（1960）. The use of advance organizers in the learning and retention of meaningful verbal material. *Journal of Educational Psychology*, *51*, 267-272.

Chen, Z., & Klahr, D.（1999）. All other things being equal：Children's acquisition of the control of variables strategy. *Child Development*, *70*, 1098-1120.

中央教育審議会（2016）．幼稚園，小学校，中学校，高等学校及び特別支援学校の学習指導要領等の改善及び必要な方策等について（答申）文部科学省 Retrieved from http://www.mext.go.jp/b_menu/shingi/chukyo/chukyo0/toushin/__icsFiles/afieldfile/2017/01/10/1380902_0.pdf（2018年1月19日）

Dean, D., & Kuhn, D.（2006）. Direct instruction versus discovery：The long view. *Science Education*, *91*, 384-397.

深谷 達史（2011）．科学的概念の学習における自己説明訓練の効果——SBF 理論に基づく介入——　教育心理学研究，*59*, 342-354.

深谷 達史・植阪 友理・太田 裕子・小泉 一弘・市川 伸一（2017）．知識の習得・活用および学習方略に焦点をあてた授業改善の取り組み——「算数の教えて考えさせる授業」を軸に——　教育心理学研究，*65*, 512-525.

深谷 達史・植阪 友理・田中 瑛津子・篠ヶ谷 圭太・西尾 信一・市川 伸一（2016）．高等学校における教えあい講座の実践——教えあいの質と学習方略に対する効果——　教育心理学研究，*64*, 88-104.

Hiebert, J., & Wearne, D.（1996）. Instruction, understanding, and skill in multidigit addition and subtraction. *Cognition and Instruction*, *14*, 251-283.

市川 伸一（2004）．学ぶ意欲とスキルを育てる——いま求められる学力向上策——　小学館

市川 伸一（2010）．「教えて考えさせる授業」を展望する　指導と評価，*56*, 32-35.　図書文化

市川 伸一（編著）（2013）．「教えて考えさせる授業」の挑戦——学ぶ意欲と深い理解を育む授業デザイン——　明治図書

市川 伸一（編著）（2017）．授業からの学校改革——「教えて考えさせる授業」による主体的・対話的で深い習得——　図書文化

市川 伸一（2020）．「教えて考えさせる授業」を創る　アドバンス編——「主体的・対話的で深い学び」のための授業設計——　図書文化

Pressley, M., McDaniel, M. A., Turnure, J. E., Wood, E., & Ahmad, M.（1987）. Generation and precision of elaboration：Effects of intentional and incidental learning. *Journal of Experimental Psychology：Learning, Memory and Cognition*, *13*, 291-300.

篠ヶ谷 圭太（2008）．予習が授業理解に与える影響とそのプロセスの検討——学習観の個人差に注目して——　教育心理学研究, *56*, 256-267.

湯澤 正通（2009）．自己質問作成による活用力の向上　吉田 甫・ディコルテ, E.（編著）子どもの論理を活かす授業づくり——デザイン実験の教育実践心理学——（pp. 143-161）　北大路書房

第10章

国立特別支援教育総合研究所（2013）．改訂新版　LD・ADHD/高機能自閉症の子どもの指導ガイド　東洋館出版社

文部科学省初等中等教育局特別支援教育課（2012）．通常の学級に在籍する発達障害のある特別な教育的支援を必要とする児童生徒に関する調査結果について

宇野 彰・春原 則子・金子 真人・粟屋 徳子（2007）．発達性 dyslexia の認知障害構造——音韻障害単独説で日本語話者の発達性 dyslexia を説明可能なのか？——　音声言語学, *48*, 105-111.

第11章

Fadel, C., Bialik, M., & Trilling, B.（2015）. *Four-dimensional education : The competencies learners need to succeed.* La Vergne, TN：Lightning Source.
　　（ファデル, C.・ビアリック, M.・トリリング, B.　岸 学（監訳）（2016）．21世紀の学習者と教育の4つの次元——知識, スキル, 人間性, そしてメタ学習——　北大路書房）

市川 伸一（2002）．学力低下論争　筑摩書房

市川 伸一・南風原 朝和・杉澤 武俊・瀬尾 美紀子・清河 幸子・犬塚 美輪・村山 航・植阪 友理・小林 寛子・篠ヶ谷 圭太（2009）．数学の学力・学習力診断テスト COMPASS の開発　認知科学, *16*, 333-347.

松下 佳代（2007）．パフォーマンス評価——子どもの思考と表現を評価する——　日本標準

村山 航（2003）．テスト形式が学習方略に与える影響　教育心理学研究, *51*, 1-12.

村山 航（2006）．テストへの適応——教育実践上の問題点と解決のための視点——　教育心理学研究, *54*, 265-279.

西岡 加名恵（2015）．教育評価とは何か　西岡 加名恵・石井 英真・田中 耕治（編）新しい教育評価入門——人を育てる評価のために——（pp. 2-22）　有斐閣

鈴木 雅之（2011）．ルーブリックの提示による評価基準・評価目的の教示が学習者に及ぼす影響——テスト観・学習動機づけ・学習方略に着目して——　教育心理学研究, *59*, 131-143.

植阪 友理・鈴木 雅之・清河 幸子・瀬尾 美紀子・市川 伸一（2014）．構成要素型 COM-

PASS に見る数学的基礎学力の実態――「基礎基本は良好，活用に課題」は本当か――
日本教育工学会論文誌，*37*, 397-417.

人名索引

事項索引

著 者 略 歴

瀬尾　美紀子（せお　みきこ）

1995 年　広島大学大学院理学研究科博士課程前期修了
1995～1997 年
　　　　鹿児島県公立高等学校
2006 年　東京大学大学院教育学研究科博士課程単位取得退学
現　　在　日本女子大学人間社会学部教育学科教授　博士（教育学）

主 要 著 書

『現代の認知心理学 5　発達と学習』（分担執筆）（北大路書房，2010）

『自己調整学習——理論と実践の新たな展開へ』（分担執筆）（北大路書房，2012）

『学力と学習支援の心理学』（分担執筆）（放送大学教育振興会，2014）

『自ら学び考える子どもを育てる教育の方法と技術』（分担執筆）（北大路書房，2016）

『教育心理学の実践・ベースアプローチ——実践しつつ研究を創出する』（分担執筆）（東京大学出版会，2019）

Progress & Application = 11

Progress & Application 教育心理学

2021 年 7 月 25 日 ⓒ   初 版 発 行

著 者　瀬尾美紀子　　　発行者　森 平 敏 孝
　　　　　　　　　　　　印刷者　馬 場 信 幸
　　　　　　　　　　　　製本者　小 西 惠 介

発行所　　株式会社 サイエンス社
〒151-0051　東京都渋谷区千駄ヶ谷1丁目3番25号
営業　☎(03)5474-8500（代）　振替00170-7-2387
編集　☎(03)5474-8700（代）
FAX　☎(03)5474-8900

印刷　三美印刷　　　　　製本　ブックアート

《検印省略》

サイエンス社のホームページのご案内
https://www.saiensu.co.jp
ご意見・ご要望は
jinbun@saiensu.co.jp まで.

ISBN978-4-7819-1513-5

PRINTED IN JAPAN

心理測定尺度集　堀　洋道監修

第Ⅴ巻：個人から社会へ〈自己・対人関係・価値観〉

吉田富二雄・宮本聡介編　B5 判／384 頁／本体 3,150 円

第Ⅵ巻：現実社会とかかわる〈集団・組織・適応〉

松井　豊・宮本聡介編　B5 判／344 頁／本体 3,100 円

2007年までに刊行された第Ⅰ～Ⅳ巻は，現在まで版を重ね，心理学界にとどまらず，看護などの関連領域においても，一定の評価を得てきました．従来の巻では，社会心理学，臨床心理学，発達心理学を中心とする心理学の領域で，それぞれの発達段階の人を対象として作成された尺度を選定し，紹介してきました．第Ⅴ巻，第Ⅵ巻ではこれまでの4巻の編集方針を基本的に継承しながら，主に2000年以降に公刊された学会誌，学会発表論文集，紀要，単行本の中から尺度を収集し，紹介しています．

【第Ⅴ巻目次】自己・自我　認知・感情・欲求　対人認知・対人態度　親密な対人関係　対人行動　コミュニケーション社会的態度・ジェンダー

【第Ⅵ巻目次】集団・リーダーシップ　学校・学習・進路選択　産業・組織ストレス　ストレス・コーピング　ソーシャルサポートと社会的スキル　適応・ライフイベント　不安・人格障害・問題行動　医療・看護・カウンセリング

〜〜 好評既刊書 〜〜

第Ⅰ巻：人間の内面を探る〈自己・個人内過程〉

山本眞理子編　B5 判／336 頁／本体 2,700 円

第Ⅱ巻：人間と社会のつながりをとらえる〈対人関係・価値観〉

吉田富二雄編　B5 判／480 頁／本体 3,600 円

第Ⅲ巻：心の健康をはかる〈適応・臨床〉

松井　豊編　B5 判／432 頁／本体 3,400 円

第Ⅳ巻：子どもの発達を支える〈対人関係・適応〉

櫻井茂男・松井　豊編　B5 判／432 頁／本体 3,200 円

＊表示価格はすべて税抜きです．

サイエンス社

Progress & Application
心理統計法

山田剛史・川端一光・加藤健太郎 編著

A5 判・256 頁・本体 2,400 円（税抜き）

心理学を学ぶ上で心理統計の知識は欠かせませんが，実感をもってそれを納得するのは難しいようです．本書では，心理学研究の具体例を通じて心理統計の手法を知ることで，学びながらその面白さを実感してもらうことを目指します．また，社会の激しい変化に対応していく上で必要な批判的思考を身につけるため，「クリティカル・シンキング問題」を用意しています．見開き形式・2 色刷．

【主要目次】

サイエンス社

認知心理学の視点
頭の働きの科学

犬塚美輪 著

A5判・264頁・本体2,500円（税抜き）

「頭の回転が速いね」とほめたり，ほめられたことはないでしょうか．逆に「自分は何て頭が悪いんだろう」と嘆いたことはないでしょうか．このように，私たちは「頭」がさまざまな知的活動に関係していることは分かっていますが，その正確な仕組みについてはよく知らないのかもしれません．本書では，そのような私たちの頭の働きを明らかにする「認知心理学」の基礎的な知識について，身近な例に基づいて分かりやすく解説します．はじめて学ぶ方，心について考えてみたい方におすすめの一冊です．

【主要目次】

サイエンス社